10대라면 반드시 알아야 할
지식교양 백과사전

: 세계 교양편

10대라면 반드시 알아야 할
지식교양 백과사전 : 세계 교양편

초판 1쇄 인쇄 2025년 8월 22일
초판 1쇄 발행 2025년 8월 29일

지은이 김옥림
펴낸이 박세현
펴낸곳 팬덤북스

기획 편집 곽병완
디자인 김민주
마케팅 전창열
SNS 홍보 신현아

주소 (우)14557 경기도 부천시 조마루로 385번길 92 부천테크노밸리유1센터 1110호

전화 070-8821-4312 | **팩스** 02-6008-4318
이메일 fandombooks@naver.com
블로그 http://blog.naver.com/fandombooks

출판등록 2009년 7월 9일(제386-2510020090000081호)

ISBN 979-11-6169-361-3 03030

10대라면
반드시 알아야 할

지식 교양
백과사전

세계 교양편

팬덤북스

10대를 위한 지식수업

지식의 본질은 교육이나 경험, 연구를 통해 얻은 체계화된 인식의 총체를 말한다. 그러니까 지식은 사물을 인식하고 그것을 알게 됨으로써 자신의 지적능력으로 배양시키는 행위인 것이다. 다시 말해 지식은 곧 '앎'을 뜻한다. 우리가 학문을 배우고 익히는 것은 곧 지식을 기르기 위한 행위이다.

그런데 지금 우리나라 교육은 지식을 가르치는 것이 아니라 좋은 학교에 들어가기 위한 수단으로써의 교육이다. 이는 지식의 본질을 오도 誤導 하는 나쁜 일례일 뿐이다. 그러다보니 배움을 즐겁게 하는 것이 아니라 마지못해 억지로 하는 행태이고 보니 가르치는 사람이나 배우는 학생이나 힘들기는 마찬가지이다.

물론 학교에서도 지식을 가르치고 싶겠지만, 교육현실이 그렇다보니 어쩔 수 없이 점수 따기 공부를 가르치는 일에 매진할 수밖에 없을 것이다. 그러니 이런 교육풍토에서 지식을 논하고, 지식을 가르치는 일은 어쩌면 요원한 일일 수도 있을 것이다. 그런 까닭에 진짜 공부는 스스로 읽고, 쓰고, 그럼으로써 배우고 익히는 것이다. 왜일까? 이런 과정을 통해 지적능력이 길러지고 자신만의 지식의 체계가 이루어지는 까닭이다.

나는 이에 대해 우리 10대들이 즐겁게 지식을 기르고 쌓을 수 있도록, 10대들이 꼭 알아두었으면 하는 6가지 분야를 조목조목 정리하여 책으로 펴내게 되었다.

첫째, 세계 문학이다. 미겔 데 세르반테스, 요한 볼프강 폰 괴테, 래프 N. 톨스토이를 비롯한 세기의 문학가와《좁은 문》《잃어버린 시간을 찾아서》《몽테크리스토 백작》《폭풍의 언덕》《동물농장》《노인과 바다》,《고리오 영감》을 비롯한 32편의 명작이 실려 있어 세계 문학을 이해하고 배우는 데 큰 도움이 될 것이다.

둘째, 세계 인물이다. 앨버트 아인슈타인, 윈스턴 처칠, 엔리코 카루소, 오프라 윈프리, 버락 오바마, 조지워싱턴 등 인생을 성공적으로 살았거나, 살고 있는 이들의 삶을 배움으로써 인생을 살아가는 데 큰 도움이 되게 하였다.

셋째, 세계 철학사상이다. 스토아 철학, 스콜라 철학, 향이상학과 형이하학 등 철학의 개념과 이해를 돕고 쇼펜하우어, 임마누엘 칸트, 르네 데카르트 같은 철학자들의 생각을 배우고 마음의 근육을 기르는 데 도움이 되게 했다.

넷째, 세계 학문이다. 존 로크의 교육사상, 루소의 교육사상, 교육심리학, 인문학, 사회학, 미학, 수사학, 논리학 등 교육의 본질에 대해 이해하고 생각의 폭을 넓히는 데 도움을 주고자 했다.

다섯째, 세계 역사다. 역사란 무엇인가, 춘추전국시대, 몽골제국의 탄생과 영화, 종교개혁, 뉴딜정책, 철의 장막 등 동양과 서양의 역사를 알기 쉽게 정리하여 역사를 인식하는 눈을 기르는 데 도움을 주고자 했다.

여섯째, 세계 고전이다.《도덕경》《논어》《춘추좌씨전》《사기》《정치학》《군주론》《사회계약론》《자유론》《법의 정신》《팡세》등 동서양의 고전을 체계적으로 쉽게 정리하여 세계 고전을 이해하는 데 도움이 되고자 했다.

　이상에서 보듯 이 책엔 6가지 다양한 분야의 결정체가 햇살 머금은 진주와 같이 반짝이며 빛나고 있다. 이 책은 10대들의 지식백과사전으로서 매우 유용하고 가치 있게 활용되리라 믿는다. 이 책을 읽는 10대들 모두의 앞날이 꿈과 희망으로 가득 차 빛나길 응원한다.

김옥림

CHAPTER 1

명쾌하고 감동적인 글_ 세계 문학　　　011

변신 | 적과 흑 | 좁은 문 | 잃어버린 시간을 찾아서 | 수레바퀴 밑에서 | 베니스의 상인 |
아버지와 아들 | 폭풍의 언덕 | 인간의 굴레 | 동물농장 | 천로역정 | 주홍 글씨 | 백경 |
톰 아저씨의 오두막 | 마지막 잎새 | 테스 | 욕망이라는 이름의 전차 | 양철북 | 부활 |
가보지 못한 길 | 이런 사랑 | 노인과 바다 | 돈키호테 | 젊은 베르테르의 슬픔 | 별 |
크리스마스 캐럴 | 목걸이 | 미운 오리 새끼 | 기탄잘리 | 작은 아씨들 | 고리오 영감 |
왕자와 거지

CHAPTER 2

세상의 중심에 선 사람들_ 세계 인물　　　065

버락 오바마 | 이사도라 던컨 | 앨버트 아인슈타인 | 윈스턴 처칠 | 제인 구달 | 마가릿 대처
| 조지 워싱턴 | 윌리엄 오슬러 | 구스타브 에펠 | 스티븐 스필버그 | 조지 소로스 | 프랭클린 |
루스벨트 | 존 F. 케네디 | 엔리코 카루소 | 알프레드 노벨 | 벤저민 프랭클린 | 오프라 윈프리
| 플로렌스 나이팅게일 | 스티븐 호킹 | 헨리 키신저 | 벤저민 디즈레일리 | 조지 마셜 | 오드
리 헵번 | 마더 테레사 | 허레이쇼 넬슨 | 마르쿠스 아우렐리우스 | 마르틴 루터 | 김구 |
이순신 | 안중근

CHAPTER
1

명쾌하고 감동적인 글
─ 세계 문학 ─

01 변신

프란츠 카프카(1883~1924)
체코슬로바키아 소설가. 대표
작품 : 《변신》《심판》

소설 《변신》의 주인공 잠자는 경영학과를 나온 뒤, 군에 입대하였다. 제대를 한 그는 파산한 아버지를 대신해 직장생활을 하며 가정을 꾸려나간다. 그러던 어느 날 그는 흉측한 벌레로 변한다. 그렇게 되자 그는 다니던 직장을 나갈 수 없었다. 그러자 직장 책임자가 그를 찾아오지만, 벌레로 변한 잠자는 방 안에서 사정을 얘기한다. 그러나 직장 책임자는 그의 흉물스러움에 너무 놀라서 급히 도망치듯 가 버린다.

흉물스럽게 변한 잠자를 보고 어머니는 놀라 말도 못하고, 아버지는 그를 방안으로도 밀어 넣는다. 한바탕 소동이 있고 나서 가족들 사이에 변화가 인다. 잠자의 어머니는 해오던 바느질을 일을 더 열심히 하고, 아버지도 은행잡부로 나가고, 점원이던 여동생은 더 나은 직장을 잡기 위해 속기술과 프랑스어를 공부한다.

그런데 하숙생을 3명이나 두는 바람에 잠자의 방은 어수선해지고, 그는 아버지의 학대로 식욕을 잃고 의욕을 잃은 상태로 가정부에게 발견되었다. 그러자 잠자의 아버지는 하나님께 감사한 일이라고 말했다. 그리고 어머니, 아버지, 여동생은 함께 밖으로 나간다.

소설 《변신》은 가족에게서 소외받는 주인공 잠자를 통해 소통이 단절되고, 이해관계가 얽힌 인간의 고독과 실존에 대해 말한다. 다시 말해 실존은 하지만 소통이 단절된 소외된 삶은 죽음처럼 참담하고 적막하고 허무하다는 것을 말해준다. 이런 점에서 볼 때 카프카의 《변신》은 실존주의 문학의 대표적인 소설이라고 할 만하다.

02 적과 흑

스탕달(1783~1842)
프랑스 소설가. 대표 작품 : 《적과
흙》

소설 《적과 흙》의 주인공인 줄리앙 소렐은 열렬한 나폴레옹의 숭배자다. 그는 성직자가 되기 위해 결심하고 레날 시장의 자녀를 가르치는 가정교사로 생활한다. 그러던 어느 날 그는 시장부인을 유혹한다. 그 둘의 사랑은 주변에 알려지게 되고, 그로인해 그는 신학교에 들어간다. 그는 교장의 추천으로 파리의 권세 있는 귀족이자 정계의 거물인 라몰 후작의 비서가 되었다.

줄리앙은 파리의 사교계에 발을 들여 놓고, 후작의 딸 마틸드는 그에게 빠져 임신을 하게 된다. 딸의 간청으로 후작은 그와의 결혼을 허락한다. 그는 후작의 배경으로 경기병 중위로 임명되었다. 하지만 레날 부인의 편지로 인해 과거 그의 부정이 탄로나자 그는 모든 것을 잃고 만다. 그는 분노에 차 교회에 있던 레날 부인을 총으로 쏘고 체포되고 만다. 감옥에 갇힌 그는 모든 욕망을 내려놓는다. 그리고 레날 부인과 다시 사랑을 하며 행복해 한다.

그러나 법정에 선 줄리앙은 자신은 사형당해 마땅하다고 말한 뒤 가난한 사람들을 탄압하는 지배계급인 배심원을 고발하고 단두대에서 처형당한다. 마틸드는 그의 장례식을 치러준다. 그로부터 사흘 뒤 레날 부인은 아이들을 끌어안은 채 세상을 떠난다.

소설 《적과 흙》은 프랑스 7월 혁명 전 지배자인 나폴레옹이 권자에서 물러나는 혼란한 사회에서 한 평민 젊은이의 야망과 꿈을 통해 그 당시 지배계급인 성직자와 귀족 등이 서로를 공격하고 비난하는 비이상적인 사회를 비판적으로 그린 작품이다.

03 좁은 문

앙드레 폴 기욤 지드(1869~1951)
프랑스 소설가. 대표 작품 :《좁은 문》《전원 교향곡》

소설《좁은 문》은 순결한 알리사와 그녀의 사촌인 제롬의 사랑을 담은 소설이다. 제롬은 12살 때 의사인 아버지가 사망하자 어머니를 따라 파리로 이사하였다. 그는 숙부의 부름을 받고 그의 집으로 가곤했다. 그는 자신보다 두 살 많은 알리사에게 연정을 느낀다. 알리사는 신앙심이 깊고 순결하여 제롬을 이성으로 생각하지 않는다.

그런데 그녀의 여동생 줄리에트가 제롬을 짝사랑하고 있다는 것을 알게 된다. 그녀는 제롬을 피한다. 하지만 제롬은 틈이 있을 때마다 자신의 마음을 전하려고 하지만 그녀는 받아들이지 않는다.

제롬은 아테네 학원의 교사로 추천을 받고 프랑스를 떠난다. 그로부터 3년 뒤 숙부가 사망했다는 소식을 듣고 프랑스로 돌아온다. 그는 사랑을 고백하지만 그녀는 지난날은 잊으라고 말한다. 그녀와 헤어지고 3개월이 지난 뒤 제롬은 그녀의 동생 줄리에트에게서 알리사의 죽음을 알리는 편지를 받는다. 그녀가 파리의 요양원에서 죽었다는 내용이었다. 편지에는 제롬과 있었던 이야기와 그녀의 심정 그리고 다시 제롬과 만나던 날의 그녀의 마음이 적혀 있었다.

그녀는 제롬에게 잘 보이기 위해 예뻐지고 자신이 순결한 삶을 지향한 것도 모두 그 때문이라고 했다. 그런데 아이러니하게도 그녀의 그러한 노력에 제롬이 방해가 되었다는 것이다. 그것은 그녀에겐 고독한 사랑과도 같았다. 알리사가 택한 순결하고 고독한 사랑은 여동생을 위한 사랑의 양보, 다시 말해 그리스도의 희생적인 사랑이라고 할 수 있다.

04 잃어버린 시간을 찾아서

마르셀 프루스트(1871~1922)
프랑스 소설가. 대표 작품 :
《잃어버린 시간을 찾아서》

소설 《잃어버린 시간을 찾아서》는 작은 마들렌 과자가 화자인 나의 소년시절을 떠올리며 전개된다. 소년이 휴가를 보내러 간 콩브레 마을엔 두 개의 산책길이 있다. 하나는 파리의 스왕 가문의 별장이 있는 길로 그 별장엔 스왕의 딸이 살고 있다. 또 다른 길은 명문 게르망트 공작부인의 저택이 있다. 소년에게 이 두 길은 동경의 대상이었다.

주인공 나는 파리에서 다시 만난 첫사랑 질베르트와 헤어진 뒤 할머니와 노르망디 해변으로 간다. 그곳에서 만난 소녀 알베르틴에게 끌린다. 그리고 게르망트 가문의 생 루와 샤를뤼와 친구가 된다. 그후 파리로 돌아온 나는 이 들을 통해 동경하던 생제르맹가의 귀족사회에 눈을 뜬다. 나는 알베르틴과 동거를 하지만 고모라의 여자로 의심하게 되고 그로인해 동거는 끝나고 만다. 작가가 되겠다는 꿈도 잃은 채 파리로 와서는 초대를 받고 게르망트 대공의 집으로 간다.

그러던 중 나는 갑자기 행복감에 사로잡혀 베네치아를 떠올리며 과거 마들렌 과자의 체험같이 무의식적인 기억에 과거와 현재의 공통되는 초시간적인 감각이 존재의 본질을 나타내고 그것을 통해 잃어버린 시간을 발견할 수 있다고 이해하게 된다. 그후 나는 죽은 생 루와 질베르트 사이에서 난 딸을 보며 자신이 소년시절 동경했던 두 개의 길이 한 방향으로 연결되어 있는 것을 본다. 그로인해 나는 시간을 초월해 영원히 존재하는 세계를 알게 되고 글을 쓰겠다고 다짐한다.

소설 《잃어버린 시간을 찾아서》는 시간의 흐름 속에서 융합되어가는 서로 다른 세계를 보여주는 작품이라고 할 수 있다.

05 수레바퀴 밑에서

헤르만 헤세(1877~1962)
독일 소설가이자 시인. 대표 작품 :
《수레바퀴 밑에서》《데미안》

주인공인 소년 한스 기벤라트는 공부에 치여 지냈다. 재능이 뛰어난 한스를 잘 가르치겠다는 것이 아버지와 목사를 비롯한 교사들의 바람이었기 때문이다. 한스는 아버지와 주변 사람들 뜻대로 마울브론 신학교에 합격하였다. 그러나 신학교 생활은 한스에겐 그다지 즐겁지 않았다. 하지만 그런 가운데도 한스는 일등을 목표로 공부하고, 기숙사 친구인 헤르만 하일러와 친하게 지냈다.

그러던 어느 날 하일러는 학교를 몰래 나가려다 들켜 퇴학되었다. 친하게 지내던 친구가 없자 한스는 학교생활에 흥미를 잃고, 공부에도 등한시하게 된다. 그러자 학업성적은 떨어지고, 의욕을 상실하고 말았다. 한스는 우울증에 빠져 정신질환을 앓게 되어 고향으로 돌아갔다. 그로인해 학교 생활도 퇴학으로 마무리되고 말았다. 집으로 돌아 온 한스는 에마라는 여성을 통해 이성적인 사랑의 감정에 빠진다.

그러나 그녀에게 놀림거리가 되고 만다. 그후 한스는 친구인 아우구스트가 일하는 공장에 취직한다. 그런데 그에게 사건이 발생한다. 어느 일요일 한스는 친구와 같이 자전거를 타라 갔다 술을 마신다. 그리고 그는 강물에 빠져 죽고 만다.

소설 《수레바퀴 밑에서》는 재능이 뛰어난 한스가 어른들의 지나친 기대에 압박을 느껴 우울증에 시달리다 정신질환을 앓고 죽음으로써, 삶을 끝내는 과정을 심도 있게 그려 불합리한 인간의 내면을 적나라하게 보여준다.

06 베니스의 상인

윌리엄
셰익스피어(1564~1616)
영국 시인이며 극작가. 대표 작품 :
《로미오와 줄리엣》《햄릿》

바사니오는 벨몬트의 아름다운 상속녀인 포르티아에게 청혼하기 위해 3,000두카트를 빌려달라고 베니스의 상인인 친구 안토니오에게 부탁한다. 그러나 안토니오의 자본이 상품과 선박에 투입되어 있어 고리대금업자 샤일록에게 돈을 빌린다. 샤일록은 돈을 빌려주는 대신 살 1파운드를 요구한다.

안토니오 덕분에 돈을 손에 쥔 바사니오는 친구 그라티아노를 데리고 벨몬트로 간다. 바사니오는 그곳에서 포르티아의 초상화가 든 구리상자로 청혼에 성공한다.

그런데 문제가 생겼다. 안토니오의 배가 사라지고 계약기간이 만료되자 샤일록은 그에게 살을 내놓으라고 말한다. 이 소식을 들은 바사니오와 그라티아노는 친구를 구하기 위해 베니스로 돌아간다. 포르티아와 그라티아노 아내인 네리사도 남편들 몰래 재판관과 서기로 변장한 뒤 안토니오를 변호하가 위해 베니스로 간다.

포르티아는 샤일록에게 안토니오에게서 살 1파운드를 가져가도 좋지만, 만약 살을 베어낼 때 피 한방울이라도 흘리게 하면 샤일록의 전재산을 몰수하겠다고 말한다. 베니스의 공작은 안토니오의 부탁을 받고 샤일록의 재산 가운데 반을 그에게 돌려주되, 그는 유산으로 사위 로렌초에게 그 재산을 물려주고 그리스도교도로 개종한다는 조건을 단다. 이 일이 있고나서 안토니오의 배는 모두 항구로 돌아온다.

소설 《베니스의 상인》은 돈보다는 인간 존엄성의 소중함을 잘 알게 한다. 또한 친구와의 의리와 우정도 깊이 생각하게 한다.

07 아버지와 아들

이반 투르게네프(1818~1883)
러시아 소설가. 대표 작품 :
《아버지와 아들》《루딘》

주인공 아르카디는 대학졸업 후 친구와 같이 집으로 온다. 아르카디 친구 바자로프는 이상주의자인 아르카디 큰아버지 파벨을 혐오한다. 그의 모습은 파벨을 분노하게 한다. 하지만 파벨은 기성세대로 현세대인 그들에게 뒤떨어져 있음을 느낀다. 아르카디는 가정부를 함부로 대하는 아버지의 횡포를 용서한다. 가정부와 하인들은 자신들에게 우호적인 바자로프에게 큰 관심을 기울인다.

파벨과 바자로프는 문화와 예술, 정치 등에 대해 논쟁을 벌인다. 그러던 어느 날 아르카디와 바자로프는 무도회에서 만난 미망인 오딘초바에게 연정을 느낀다. 바자로프는 그녀에게 사랑을 고백하지만, 그녀는 망설인다. 상심한 바자로프는 아르카디와 함께 자신의 공향으로 돌아가지만, 부모의 지나친 간섭을 못 견뎌 아르카디의 집으로 간다. 그러나 파벨과의 불화로 집으로 돌아간다.

그리고 아버지를 도와 진료를 하다, 상처를 입게 돼 패혈증에 걸려 죽어간다. 이 소식을 듣고 오딘초바가 그를 찾아온다. 바자로프는 그녀에게 사랑을 고백하고, 보모님의 사랑에 감사해한다. 그리고 그는 죽고 만다. 늙은 그의 부모는 자식의 무덤 앞에서 한없는 비애에 젖에 멍하게 앉아 있다.

소설《아버지와 아들》은 세대 사이의 갈등을 그린 소설로, 세대 사이의 갈등이 그들의 삶에 끼치는 불합리함을 단적으로 보여준다. 세대 사이의 간격을 좁히기 위해서는, 서로의 이해와 배려가 절대적으로 필요하다.

08 폭풍의 언덕

에밀리 브론테(1818~1848)
영국 소설가이자 시인. 대표 작품 :
《곤달 시집》《폭풍의 언덕》

농장 주인 언쇼는 리버풀에서 고아를 집으로 데리고 온다. 그는 아이에게 히스클리프라는 이름을 지어준다. 아들 힌들리는 처음부터 그를 적대시하고 괴롭힌다. 하지만 캐서린은 히스클리프와 정이 두텁다. 캐서린은 우연히 지주인 린턴 가문을 알게 되고 히스클리프를 사랑하면서도 린턴 가문의 아들인 에드거의 청혼을 받아들인다. 이 사실을 안 히스클리프는 갑자기 자취를 감춘다. 캐서린은 그를 찾지만 찾지 못하자 에드거와 결혼한다.

3년 뒤 폭풍의 언덕으로 돌아온 히스클리프는 돈 많은 신사가 되어 있었다. 그러나 그의 마음은 캐서린은 물론 힌들러를 비롯한 사람들을 향한 복수심으로 불타고 있었다. 그는 도박판에서 힌들러의 재산을 빼앗고, 힌들러의 아들까지 학대를 일삼는다. 그리고 에드거의 여동생 이자벨라를 유혹해 아내로 삼는다. 또 캐서린에게 접근해 에드거를 괴롭힌다. 캐서린은 그의 집착에 시달리다 딸을 낳다 죽는다. 하지만 그의 증오심은 꺼지지 않는다.

증오심에 불타는 히스클리프와의 생활을 견디지 못하고 이자벨라는 집을 나가 아들 린턴을 낳고, 아들이 12살 때 죽는다. 그리고 실의에 빠져 지내던 힌들러 역시 죽고 만다. 히스클리프는 린턴의 가문을 손에 넣기 위해 자신의 아들 린턴을 캐서린의 딸과 강제로 결혼시키지만 린턴이 병으로 죽는다. 에드거 또한 죽고 만다. 히스클리프 역시 죽고 만다.

소설 《폭풍의 언덕》은 사랑과 증오에 사로잡힌 한 인간의 복수심이 얼마나 무서운 결과를 낳고, 죄의 사슬에 얽매이는 지를 잘 보여주는 작품이다.

09 인간의 굴레

월리엄 서머싯 몸(1874~1965)
영국 소설가. 대표 작품 : 《인간의
굴레》《달과 6펜스》

유모가 잠이 덜 깬 아이를 데리고 어머니의 침실로 데리고 갔다. 아이의 이름은 필립 케리이다. 어머니는 잠이 덜 깬 아이를 어루만지며 숨을 거둔다. 아이는 목사인 큰아버지의 집으로 간다. 아이는 자라서 킹스 스쿨 예비학교를 거쳐 킹스 스쿨로 진학한다. 필립은 태어날 때부터 신체적 결함을 갖고 있었는데, 아이들을 그런 그를 괴롭힌다. 그런데다 교사들로부터 냉대를 당한다.

필립은 상처를 입고 고독한 학창시절을 보내고, 큰 아버지는 옥스퍼드대학교에 진학시키려고 한다. 그러나 그는 성직자가 되는 것을 원치 않아 독일로 유학을 떠난다. 그는 하이델베르크에서 영국인 헤이워드를 만나 큰 영향을 받게 된다. 독일에서 돌아 온 그는 공인회계사무소에서 일하다 그림에 흥미를 느끼고 프랑스 파리로 가서 그림 공부를 한다. 그러던 중 크론쇼라는 사람을 만나 그로부터 인생에 대해 크게 깨우친다.

영국으로 돌아 온 필립은 의학학교에 들어간다. 그러던 어느 날 식당직원인 로조 밀드레드를 알게 되고 번뇌에 빠진다. 심신이 피폐해진 그는 소설을 쓰면서 가난하지만 행복하게 사는 네스빗 노라라는 여인을 만나 따뜻한 감정을 느낀다. 그러나 한 남자에게 버림받고 임신까지 한 밀드레드는 필립 주변을 맴돌고 파괴적인 행동을 일삼자, 필립은 그녀로부터 벗어난다. 필립은 큰 아버지 유산으로 다시 공부를 시작한다. 그리고 필립은 환자일 때 알게 된 애설니 일가와 친분을 쌓고 딸 샐리와 살아갈 결심을 한다.

　소설 《인간의 굴레》는 열등감과 그로인한 고뇌를 안고 살아가는 필립이 자기를 에워싸고 있는 삶의 굴레를 벗고, 자유롭게 살아가는 과정을 진지하게 그리고 있다. 이 작품은 서머싯 몸의 자전적인 요소가 가미된 작품이다.

10 동물농장

조지 오웰(1903~1950)
영국 소설가. 대표 작품 :
《동물농장》

존스의 농장에서 사육되는 동물들은 늙은 소령인 돼지의 유언에 따라 반란을 일으켜 인간들의 착취가 없는 모든 동물들이 평등하게 살아가는 이상 사회를 세운다. 동물농장의 주체가 된 동물들은 희망을 품고 열심히 살아간다.

동물들의 지도자는 수돼지 스노볼과 나폴레옹으로, 이론가인 스노볼은 풍차를 건설해 농장의 기계화를 추진한다. 하지만 나폴레옹은 스노볼을 추방하고, 그의 편에 가담했던 동물들도 처형한 뒤 독재자로 군림한다.

풍차는 폭풍에 의해 쓰러지고, 농장을 되찾으려고 한 존스에 의해 폭파된다. 하지만 동물들은 물러서지 않고 맞선다. 그중에서도 복서인 말이 제일 활약이 컸다. 그러나 그는 무리해서 쓰러지고 만다. 그러자 인간에게 팔려 마을 도살장으로 끌려간다.

몇 년 뒤 풍차가 완성되고 생산량도 좋아지지만 돼지 이외의 동물들의 생활은 나아지지 않는다. 인간들의 착취로부터 혁명을 벌일 때 외치던 '두 다리 짐승은 적이지만, 네 다리 짐승은 우리의 아군이다.'라는 구호를 잊고, 근처에 있는 농장주들과 거래를 시작한 돼지들은 어느 날 밤 농장주들을 초대해 밤새도록 파티를 연다. 두 다리로 서서 한때 적으로 간주했던 인간들과 건배를 나누는 돼지들의 모습은 누가 인간이고 누가 돼지인지 구분이 가지 않는다.

소설 《동물농장》은 구소련이 공산주의 국가로 진입하는 과정과 독재자의 폭압과 만행을 수퇘지 스노블과 나폴레옹을 통해 보여준다. 스노블은 이론가인 트로츠키를 나폴레옹은 스탈린을 빗댔다. 공산당을 끔찍이도 싫어하는 조지 오웰의 생각이 잘 드러난 작품이다.

11 천로역정

존 번연(1628~1688)
영국 목사이자 소설가. 대표 작품 :
《천로역정》

주인공인 크리스천은 누더기를 걸치고 한 권의 성경에 의해 큰 감화를 받는다. 그는 자신의 가족과 이웃이 사는 도시가 하늘에서 쏟아져 내리는 불로 타버림으로써 멸망에 이르게 되는 위기에 처해 있음을 알고, 가족들의 비웃음 속에 전도사의 인도에 따라 구원을 찾아 여행길에 오른다.

낙담의 진창길을 벗어나 빛을 찾아 영광의 문을 향해가던 그는 말재주꾼의 감언이설에 빠져 율법적인 종교에 의해 구원을 얻으려고 하다 목숨을 잃을 뻔했다. 그 일이 있은 후 전도사의 가르침을 받아 영광의 문으로 들어가려는데, 그곳에서부터 하늘 도시로 가는 길은 좁고 똑바른 길이다.

해설자의 집을 거쳐 십자가가 있는 곳까지 온 크리스천은 신비스러운 체험을 한다. 그것은 어깨의 짐이 사라졌다는 사실을 깨달은 것이다. 밝은 빛을 내는 사람에게서 새로운 옷과 함께 이마에 낙인을 받은 뒤 하늘 문에서 내 놓아야 할 두루마리를 받는다.

멋스럽고 아름다운 집에서 성스러운 소녀들의 환영을 받는다. 그러고 나서 전신을 무장하고 여행을 하는 크리스천 앞에 일 대 일로 싸우자는 아폴리언과 소름이 돋을 만큼 음습한 죽음의 계곡과 마음을 현혹케 하는 허영의 도시와 절망 거인의 감옥 등이 스크린처럼 나타나지만, 크리스천은 이 모든 시련을 극복하고 죽음의 강을 건너 하늘 도시에 다다른다.

소설《천로역정》은 영국 근대 소설의 효시로 자신에게 주어진 죄를 씻고 구원의 길에 이르는 한 청교도인의 과정을 그린 작품이다.

너대니얼 호손(1804~1864)
미국 소설가. 대표 작품 : 《주홍 글씨》

보스턴 감옥에서 한 여인이 시정에 있는 교수대로 끌려 나갔다. 생후 3개월 된 아기를 안고 있는 그녀의 가슴에는 주홍 글씨 문신이 있었다. 헤스터 프린이란 이름의 여인으로 나이 많은 의사와 결혼 후 홀로 미국에 와 살았다.

총독과 목사, 젊은 성직자인 아서 딤스데일의 추궁에도 그녀는 간통의 상대가 누군지 함구하였다. 군중 속에 있던 로저 칠링워스는 헤스터에게 그녀의 남편이라는 사실을 비밀로 하라고 말한다. 헤스터는 교외의 허름한 집에 살면서 삯바느질을 하며 살아간다.

옥스퍼드 출신의 목사 딤스데일은 스스로를 채찍질하고, 금식하고, 철야를 하는 등 경건한 수행을 일삼는다. 그러나 지나친 수행으로 몸이 약해져 칠링워스와 공동생활을 한다. 그의 설교는 신도들에게 큰 인기를 끌지만, 칠링워스는 마음의 병을 고백하려 하지 않는 그의 가슴에서 주홍 글씨의 문신을 목격한다.

7년의 세월이 흐르고 5월 한밤중에 딤스데일은 헤스터 모녀에게 세 사람이 손을 잡고 교수대에 서자고 말한다. 그의 고뇌를 알게 된 헤스터는 칠링워스에게 그를 용서해달라고 애원한다. 그러나 그는 거절한다. 그러자 헤스터는 딤스데일을 만나 칠링워스가 전 남편임을 밝힌다. 새 총독의 부임을 축하하는 날 딤스데일의 설교가 흘러나온다. 설교를 마친 그는 헤스터 모녀와 함께 교수대에 서서 자신이 헤스터와 간통한 사람임을 밝히고 죽는다. 그후 칠링워스도 죽고, 헤스터는 죽은 후 딤스데일 옆에 묻힌다.

소설《주홍 글씨》는 청교도의 경건한 교리에 따르는 목사의 죽음과 헤스터의 삶을 통해 당시의 종교가 인간에게 미치는 영향을 극명하게 보여준다.

13 백경

허먼 멜빌(1819~1891)
미국 소설가. 대표 작품 :《백경》
《레드번》《빌리바드》

주인공인 이슈멜은 아브라함이 하녀와의 사이에서 태어났지만, 포경선을 타고 생활한다. 그러던 어느 날 한 숙박 집에서 퀴퀘그란 사내와 한 방을 쓰게 된다. 그때 이슈멜은 그를 통해 따뜻한 인간애를 느끼고, 그와 같이 포경선을 탄다.

그 배의 선장은 한쪽 다리를 의족을 했는데, 의족은 고래의 뼈로 만든 것이었다. 선장은 매우 음울한 얼굴을 했으며, 고래에 대한 증오로 가득한 인물이었다. 그는 고래에게 한쪽 다리를 잃었다고 했다. 그런 까닭에 그는 고래에 대한 증오로 가득 차 있었다.

선장은 백경을 발견한 자에게는 금화와 함선의 가장 큰 돛대인 메인 마스트를 상금으로 준다고 했다. 그는 온갖 방법으로 선원들에게 자신의 권력을 행사하고, 자신의 욕망을 분출한다. 일등 선원인 스타벅은 경건하고 진솔한 그리스도교 신자로, 고래 사냥을 그만두자고 선장에게 말한다. 하지만 선장은 그의 부탁을 거절한다. 또한 흑인 하인이 피프의 부탁도 무사해버린다.

선장은 오직 고래가 나타나길 기다리며 자신의 욕망을 불태웠다. 그러던 어느 날 고래가 나타났다. 그는 자신의 심복인 페댈러에게 작살로 쏘아 그래를 좇으라고 명령하였다. 고래와의 피 터지는 싸움이 시작되었다. 싸움은 사흘 동안 계속되었고, 선장을 비롯해 배에 탄 모든 승무원들이 죽고 말았다. 산사람은 이슈멜뿐이었다.

소설《백경》은 미국 상징주의의 대표 작품으로, 고래와 싸움을 통해 인간의 그릇된 욕망을 그려냄으로써 진정한 삶을 성찰한다.

14 톰 아저씨의 오두막

해리엇 비처 스토(1811~1896)
미국 소설가. 대표 작품 : 《톰
아저씨의 오두막》

이 소설은 19세기 초 미국 켄터키 주의 한 농장을 무대로 한다. 이 농장엔 많은 흑인 노예들이 따뜻한 성품을 지닌 백인 주인 가족의 보살핌을 받으며 일한다. 당시 흑인 노예들은 채찍을 맞아가며 짐승 취급을 받았다.

인격을 지닌 인간이 아니라, 동물과 같이 취급되었다. 그런데 셸비 농장 주인 가족은 인격적으로 그들을 대하며, 노예가 아닌 농장 일꾼으로 대우해주었던 것이다. 노예들은 그런 주인 가족의 고마움에 감사해하며 성실하게 일한다.

그러던 어느 날 농장이 파산하면서 흑인 노예들도 큰 어려움에 처하게 된다. 어쩔 수 없는 현실에 흑인 노예들은 농장을 떠난다. 캐나다로 탈출을 꾀하는 조지 해리스와 엘리자, 그리고 루이지애나 주의 뉴올리언스로 팔려가는 톰 아저씨, 그들은 지금과 다른 현실에 부딪치게 되고, 운명처럼 자신들의 현실을 받아들인다.

톰 아저씨는 루이지애나에서 세인트 클레어라는 새로운 주인을 만나게 된다. 새로운 주인은 다행히 따뜻한 성품을 지녔고, 특히 주인 딸 에반젤린에 대한 톰 아저씨의 헌신은 소설을 읽은 이들에게 감동과 감흥을 불러일으킨다. 그러나 노예들은 앞날을 예측할 수 없는 불확실성 속에 운명처럼 하루하루를 살아가는 하루살이 같은 존재들이다.

악마와 같은 노예상인 사이먼 레그리에게 채찍으로 맞아 죽는 톰 아저씨의 비극을 통해, 이 소설은 백인들의 비인간적인 흉포성을 비판적으로 그린 수작이라고 할 수 있다.

15 마지막 잎새

오 헨리(1862~1910)
미국 소설가. 대표 작품 : 《마지막
잎새》《현자의 선물》

소설 《마지막 잎새》는 뉴욕의 그리니치빌리지를 무대로 이야기가 펼쳐진다. 그리니치빌리지엔 무명 화가들이 모여 살았다. 젊은 여성 화가인 수와 존시는 3층 건물에 공동 화실에서 그림을 그렸다. 존시는 폐병을 앓았다. 그녀는 창밖으로 보이는 담쟁이덩굴을 보며, 이파리 숫자를 세었다. 바람에 떨어지고 다섯 개의 이파리가 남아 있었다. 존시는 이파리들이 모두 떨어지면 자신도 죽을 거라는 생각에 사로잡혀 있었다.

함께 지내는 수는 산다는 희망을 잃으면 존시가 살아날 가망성이 없다는 의사의 말에 크게 슬퍼한다. 수는 아래층에 사는 늙은 화가 베어먼에게 이 사실을 말한다. 베어먼은 수의 이야기를 듣고 눈물을 흘린다.

그날은 진눈깨비가 밤새도록 내렸다. 이튿날 아침에 창문을 열자 놀라운 일이 벌어졌다. 마지막 남은 잎이 떨어진 줄 알았는데, 그대로 벽에 매달려 있었다. 존시는 그 모습을 보고, 살아야겠다는 희망을 가슴에 품고 용기를 냈다. 그 나뭇잎은 늙은 화가 베어먼이 진눈깨비를 맞아 가며 그린 그림이었다. 이틀 후 베어먼은 급성 폐렴으로 세상을 뜨고 말았다.

베어먼은 평생 걸작을 남기겠다고 했지만, 40년 화가생활에 여전히 무명 화가였다. 그런 그가 수의 목숨을 살리고 대신 죽은 것이다. 비록 그는 유명 화가가 되지 못했지만 한 생명을 구한 그림을 남겼다. 이 그림이야 말로 그가 바라던 명작이라고 할 수 있다.

16 테스

토머스 하디(1840~1928)
영국 소설가. 대표 작품 : 《테스》
《패왕》

영국 남부지방 웨식스라는 마을에 사는 가난하고 어리숙한 잭 더버필드의 맏딸 테스는 아름답고 순수한 아가씨이다. 테스의 아버지는 자신의 조상이 기사인 더버빌 가문의 직계라는 것에 알고는 게으르고 술에 빠져 지냈다. 테스는 근처에 사는 같은 성을 가진 가짜 친척의 집으로 일을 하러 가 그 집 아들 알렉에게 유린을 당한다. 그후 아이를 낳지만 아이는 곧 죽고 만다.

테스는 농장에서 젖 짜는 일을 하다가 목사의 아들인 엔젤 클레어와 사랑하게 되어 결혼을 한다. 그런데 결혼 하던 첫날밤 과거에 있었던 일을 고백하자, 클레어는 그것을 받아들이지 못하고 그녀를 버리고 브라질로 떠난다. 테스는 남편에게 버림받고 갖은 고난과 역경에도 굴하지 않고 오직 남편을 기다리며 열심히 살아가기 위해 애쓴다. 그러나 불행은 그녀를 가만히 두지 않는다. 남편에 대한 마지막 호소와 애원도 소용이 없고, 아버지를 잃은 친정 식구들을 위해 어쩔 수 없이 알렉의 정부가 되기로 한다.

그러던 어느 날 남편이 돌아오자 테스는 발작을 일으켜 알렉을 죽인 뒤 남편과 도망을 친다. 남편과의 사랑을 다시 맺고 행복이 무엇인지에 대해 알게 되고 행복에 겨워한다. 하지만 애석하게도 살인범으로 체포되어 교수대에 오르게 된다.

소설 《테스》는 불행을 운명처럼 타고난 한 여자의 삶을 그린다. 이기적이고 사회적 인습에 얽매어 인권을 유린당하는 여자의 가녀린 삶을 통해 당시 사회를 비판하고 남자들의 삐뚤어진 여성성을 지적한다.

17 욕망이라는 이름의 전차

테네시 윌리엄스(1911~1983)
미국 극작가. 대표 작품 :
《욕망이라는 이름의 전차》
《뜨거운 양철지붕 위의 고양이》

《욕망이라는 이름의 전차》는 3막으로 구성된 희곡이다. 이 작품의 주인공은 몰락한 남부 대농장주인 뒤부아 가문의 자매이다. 동생 스텔라는 거친 성격의 노동자인 스탠리 코발스키와 결혼했다. 남편은 동료들과 포커를 즐기고, 아내인 그녀에게 함부로 군다.

하지만 그녀는 잘 견디며 살아간다. 그러던 어느 날 스텔라의 언니 블랜치가 '욕망이라는 이름의 전차'를 타고, 묘지라고 쓴 곳에서 갈아타, 극락이라는 곳에서 내려서 찾아온다. 그녀는 교사를 휴직했다지만, 품행이 방정하지 못해 마을에서 쫓겨났다.

블랜치는 여성 특유의 매력으로 스탠리의 동료인 미치를 유혹한다. 그 역시 그녀에게 이끌려 청혼한다. 그러나 스탠리는 블랜치의 방정하지 못한 과거를 폭로하는 바람에 그들의 결혼에 대한 욕망은 깨지고 만다. 그 일이 있고 블랜치는 차츰 정신쇠약 증세에 시달리게 된다. 그 여파로 그녀는 이상한 옷을 입고, 허황된 몽상에 사로잡힌다.

그러던 어느 날 스텔라를 산부인과로 보내곤 온 스탠리는 블랜치를 강제로 성폭행한다. 그 일이 있는 후 블랜치는 정신이 완전히 돌아버리고 만다. 그녀는 의료진에게 인도되어 정신병원에 갇히게 된다.

희곡 《욕망이라는 이름의 전차》는 풍요로웠던 과거의 삶과 지금이란 현실에서의 욕망에 휩싸여 황폐화되어 붕괴되는 블랜치를 통해, 사랑과 갈등, 욕망, 고뇌에 대한 인간의 내면을 적나라하게 보여준다. 결국 과거의 영광을 벗어나지 못하고 스러져간 여인의 삶은 연약한 인간성으로 인해 매몰되고 만다.

18 양철북

권터 그라스(1927~2015)
독일 소설가.
노벨문학상수상(1999). 대표
작품 : 《양철북》 외.

오스카 마체라트는 3살 때 성장이 멈춰 키가 1m도 안 되는 왜소증 환자다. 그는 3살 때 받은 양철북으로 지난날을 기억하며, 정신병원에서 지낸다. 오스카는 자신의 어머니가 잡화상과 결혼을 하고, 폴란드 사람인 얀 브론스키와도 교류가 있었던 걸 목격하였다. 그리고 얀이 자신의 친 아버지가 아닐까 생각했다.

오스카는 학교에 가는 대신 빵집 아주머니에게 읽고 쓰는 법을 배웠다. 그는 육체적으로는 어린이 몸을 갖고 있지만, 정신세계는 성인과 똑같다. 하지만 주변 사람들로부터 어린이 취급을 받자, 의식적으로나 무의식적으로 많은 사람을 죽인다.

제2차 세계대전은 삶의 환경을 바꾸어 버렸으며, 오스카는 양철북을 두드리며 나치의 군악대를 조롱하고, 난쟁이 전선위문극단에 일원이 되어 전쟁을 경험하였다. 전쟁이 끝나고 오스카는 나치 당원이었던 아버지가 소련군에게 사살 당하자, 계모와 같이 서독으로 간다. 그는 석공과 화가들의 모델로 활동하며, 레스토랑에서 연주를 하기도 했다. 그런데 그것이 계기가 되어 재즈 연주가로 성공하였다.

오스카는 간호사인 도로테아를 좋아해 그녀를 성폭행하려고 했지만 실패로 끝났다. 어느날 간호사의 시신이 발견된다. 그 일로 오스카는 범인으로 지목되었지만, 성적 결함으로 판명돼 정신병원에서 감호를 받게 되었다. 그후 진짜 범인이 잡힘으로써 석방의 기회를 맞게 된다. 오스카는 서른 번째 생일을 맞아 예수그리스도를 떠 올린다.

소설 《양철북》은 나치즘의 득세와 패장을 의미하며, 인간들의 속성을 낱낱이 보여 줌으로써 어떻게 살아야 하는지에 생각하게 한다.

을 낱낱이 보여 줌으로써 어떻게 살아야 하는지에 생각하게 한다.

19 부활

래프 N. 톨스토이(1828~1910)
러시아 소설가이자 사상가. 대표
작품 : 《전쟁과 평화》《안나
카레니나》《부활》

주인공인 공작 네흘류도프는 법원의 배심원으로 재판에 참여한다. 한 매춘부가 손님에게 독을 먹여 죽인 살인 강도 사건에 대한 재판이었다. 피고의 이름은 카튜샤 마슬로바였다.

그녀의 이름을 듣고 그녀를 본 순간 네흘류도프는 깜짝 놀랐다. 그녀는 그가 혈기왕성한 청년시절 고모 집에 가정부로 있던 여자였던 것이다. 그 당시 그는 아름답고 청순한 그녀에게 빠져 임신을 시킨 뒤 돈을 주고 무마한 적이 있었기 때문이다.

카튜샤는 억울하게 징역 4년형을 받고 시베리아로 유형가게 되었다. 네흘류도프는 자신의 탐욕이 한 여자를 파멸시켰다는 깊은 죄의식에 그녀를 구해내려 결심을 한다. 그는 그녀가 갇힌 감옥으로 가 그녀에게 용서를 구했다. 그리고 변호사와 권세가에게 도움을 요청했다. 하지만 모든 것이 수포로 돌아가고, 카튜샤는 시베리아로 떠났다. 그 역시 그녀를 따라 시베리아로 갔다.

다행도 카튜샤의 사건은 시베리아에서 판결 취소 명령이 떨어졌다. 네흘류도프는 카튜샤를 찾아가 그녀에게 결혼을 요청할 생각이었는데, 그녀는 정치범인 시몬손과 결혼하기로 결정한 뒤였다. 카듀샤는 자신은 네흘류도프와 결혼할 수 없다고 양해를 구했다.

그녀 또한 그를 사랑하지만, 그의 미래를 위해 자신이 택한 길이었던 것이다. 네흘류도프는 고심 끝에 그녀의 결혼을 축복한다. 그리고 성경을 읽으며, 자신을 다독이며 결심하였다. 성경 말씀대로 사랑하며 진실되게 살겠다고.

소설《부활》은 자신의 잘못으로 한 여자의 인생을 파멸로 이끈 죄를
뉘우치고, 인간답게 살겠다는 공작의 의지를 부활적 의미로 그린 수작
이다.

20 가보지 못한 길

노랗게 물든 숲속에 두 갈래 길이 있었습니다.
몸이 하나니 두 길을 다 가 볼 수는 없어
나는 서운한 마음으로 한참을 서서
덤불속으로 난 한쪽 길을
끝도 없이 바라보았습니다.

그러다가 다른 쪽 길을 택했습니다.
먼저 길과 똑같이 아름답고 어쩌면 더 나은 듯 했지요.
사람이 밟은 흔적은 먼저 길과 비슷했지만,
풀이 더 무성하고 사람의 발길을 기다리는 듯 했으니까요.

그날 아침 두 길은 모두 아직
발자국에 더럽혀지지 않은 낙엽에 덮여 있었습니다.
아, 먼저 길은 다른 날 걸어보리라 생각했지요.
길은 길로 이어지는 것이기에
다시 돌아오기 어려우리라 알고 있었지만

오랜 세월이 흐른 다음
나는 한숨지으며 이야기할 것입니다
"두 갈래 길이 숲속으로 나 있었다. 그래서
나는 사람이 덜 밟은 길을 택했고, 그것이
내 운명을 바꾸어 놓았다."라고.

로버트 프로스트는 1974년 미국 샌프란시스코에서 태어났다. 뉴햄
프셔 농장에서 오랫동안 생활하며 아름다운 자연을 사랑하였다. 그는

로버트 프로스트(1874~1963)
20세기 미국 최고의 시인.
퓰리처상 4회 수상. 대표 작품 :
《뉴 햄프셔》《서쪽으로 흐르는
강》

자연에서 소재를 찾았으며, 일상에서 느끼고 경험하는 모든 것은 그에겐 생생한 시적 울림이 되었다. 이러한 그에게 '자연주의의 시인'이란 별명이 따르는 것은 당연하다.

자연을 즐기고 사랑했던 만큼, 프로스트는 무욕無慾의 삶을 살았다. 그는 평생을 자연에서 삶을 깨쳤고, 그것을 시로 표현했다. 그에게 있어 자연은 철학자이자 인생이며, 소망이자 생의 원천이었다. 자연과 더불어 삶을 사는 동안 프로스트가 깨달은 것은 '욕심을 버리고 자연과 삶에 순응하는 법'을 배우는 것이었다. 그것만이 삶을 가치 있고 소중하게 여기며 살 수 있다고 깨우쳤기 때문이다.

이 시의 화자는 두 길 가운데 풀이 더 무성하고, 사람의 발길을 기다리는 듯한 길을 택했다. 풀이 무성하다는 것은 사람의 발길이 미치지 않았다는 것이고, 설령 발길이 미쳤다 해도 극히 소수에 지나지 않아 흔적이 남지 않는 길이다. 이런 길은 사람들이 잘 가지 않는 길이다.

그렇다면 풀이 무성한 길은 어떤 길일까? 그 길은 실리를 좇는 길도 아니고, 명예로운 길도 아니고, 이익을 좇아가는 길도 아니다. 그 길은 다른 사람에게는 보잘 것 없지만, 자신에게 있어서만큼은, 온삶을 내던져 후회 없는 삶을 보낼 수 있는 은혜로운 길을 의미하는 것이다.

프로스트의 시는 많은 사람들이 살아가는 데 있어 많은 영감을 주었다. 그는 4회에 걸쳐 퓰리처상을 수상한, 20세기 미국의 최고 시인으로 평가받고 있다.

21 이런 사랑

세상에 둘도 없는 친구나
이 세상 하나뿐인 다정한 엄마도
가끔 멀리하고 싶을 때가 있는데
당신은 아직 한 번도 싫은 적이 없습니다.
어떤 옷에도 잘 어울리는 벨트나
예쁜 색깔의 매니큐어까지도
몇 번 쓰고 나면 바꾸고 싶지만
당신에 대한 마음은 아직 한 번도
변한 적이 없습니다.
새로 산 드레스도
새로 나온 초콜릿도
며칠만 지나면 곧 싫증나는데
당신은 아직 한 번도
싫증난 적이 없습니다.
오래 숙성된 포도주나 그레이프 디저트도
매일 먹으면 물리는데
당신은 매일매일 같이 있고 싶습니다.

이 시는 버지니아 울프의 〈이런 사랑〉이다.

버지니아 울프는 1882년 런던에서 태어났다. 그녀의 아버지는 작가였다. 하지만 그녀의 어머니는 1895년 세상을 떠났다. 그녀는 어머니의 사망에 따른 충격으로 정신이상 증세를 보였다. 그리고 아버지가 사망하자 또 다시 정신이상 증세로 투신자살을 시도했으나 미수에 그쳤다.

그후 그녀는 레너드 울프와 결혼하고 남편의 극진한 사랑과 지원으로 글을 썼다. 버지니아 울프의 남편은 그녀를 위해 그녀만의 출판사를

버지니아 울프(1882~1941)
영국 소설가이자 에세이스트.
대표 작품 : 《등대로》《자기만의
방》

차렸을 정도로 그녀를 사랑했다. 시 〈이런 사랑〉에서 보듯 그녀는 자신에게 헌신적인 남편에 대한 사랑을 잘 보여준다. 하지만 그녀는 안타깝게도, 정신 이상을 극복하지 못하고 자살로 생을 마감하였다.

최초의 페미니스트로 평가받는 그녀는 1915년 《출항》을 펴냈으며, 1925년 《댈러웨이 부인》으로 큰 인기를 얻었다. 그리고 1927년에는 《등대로》를, 1928년에는 《올랜도》도 펴내 주목받았다.

노인과 바다

어니스트 헤밍웨이
(1899~1961) 미국 소설가.
대표 작품 : 《노인과 바다》
《누구를 위하여 종은 울리나》
《무기여 잘 있거라》

《노인과 바다》의 주인공인 샌디에고는 혼자 고기를 잡으며 살아간다. 그가 고기 한 마리도 잡지 못한 날이 무려 84일이나 계속되었다. 마을 사람들은 그를 한물간 어부로 놀려댔지만, 그는 꿋꿋하게 자신의 일에만 열중한다.

어느 날 그는 다시 바다로 나가 낚시를 시작하였다. 한참이나 지나 낚싯줄이 팽팽해지더니 고기가 달려가기 시작했다. 그러자 배는 고기가 이끄는 대로 딸려갔다. 노인은 엄청 큰 고기라고 생각하며 마음을 다잡았다. 한참이나 시간이 지나고 고기에 끌려가던 배의 속도가 줄자 그제야 고기를 보게 되었다. 순간 노인은 깜짝 놀랐다.

그 고기는 자신의 배보다 더 큰 청새치였다. 하룻밤과 하루 낮 사이를 꼬박 청새치에 끌려 다녔다. 고기도 노인도 지쳤지만 서로를 포기하지 않았다. 시간이 지나고 청새치의 힘이 빠졌을 때 노인은 사력을 다해 고기를 끌어 올려 배에 붙들어 맸다. 노인은 지치고 피곤했지만 즐거운 마음으로 부두를 향해 달려갔다. 그런데 뜻하지 않게 상어의 습격을 받았다. 상어는 게걸스럽게 청새치를 뜯어 먹었다. 노인은 노 끝에 칼을 붙들어 매고 상어와 싸웠다. 그러나 그의 노력에도 불구하고 부두에 돌아와 보니 고기는 앙상한 뼈만 남아 있었다.

하지만 노인은 자신의 패배에도 만족해했다. 그가 패배에도 만족할 수 있었던 것은 자신으로서는 사력으로 최선을 다했기 때문이다. 최선을 다했다는 것은 자신의 모두를 바쳤다는 것을 의미한다. 물론 성공을 했다면 그 기쁨은 더할 나위가 없었을 것이다. 그렇지만 최선을

다했다는 것만으로도 충분히 보상받은 기분이 드는 건 당연하다. 인간
이 지닌 굳은 의지의 위대함을 잘 보여주는 작품이고 하겠다.
　소설 《노인과 바다》는 평단으로부터 열광적인 찬사를 받았으며,
1953년에는 퓰리처상을, 1954년에는 노벨문학상을 수상하였다.

23 돈키호테

미겔 데 세르반테스(1547~1616)
스페인 문호. 대표 작품 :
《돈 키호테》《모범 소설집》

세르반테스의 《돈키호테》는 근대소설의 효시이자 풍자소설로 유명하다. 이 작품의 주인공인 50살 가량의 향사-우리식으로 표현한다면- 다시 말해 시골선비는 기사도 이야기를 하도 읽어 정신이 이상해졌다.

그는 황당무계한 이야기를 마치 현실인 것처럼 인식함으로써 역사적인 사실과 혼동했으며, 나아가 중세기사도 정신을 되살리고 싶은 마음에 사로잡혔다. 이렇게 생각한 그는 낡은 갑옷과 투구를 입고 스스로 자신을 기사 돈키호테라 이름 지었다.

그리고 시골처녀를 공주라 여기고, 이웃에 사는 농부 산초를 종으로 삼아 잘 먹지 못해 깡마른 앙상한 말을 타고 길을 나섰다. 그는 일반적인 일, 다시 말해 기사도와 상관없는 일에 있어서는 사리분별력이 분명했다. 하지만 기사도와 관련이 있다고 생각하면 그는 망상에 사로잡혔다. 그런 까닭에 숙소를 성으로 인식했으며, 풍차를 거인으로, 죄수들을 폭정과 폭압의 희생자로 생각하였다. 그리고 그 모든 것들은 악惡으로 인한 결과라고 생각하였다.

돈키호테는 자신의 뜻과 다르게 여러 가지 일을 겪으며 좌절을 하곤 했다. 그런데다 그는 친구인 성직자와 이발사들의 계략으로 감옥에 갇히게 되자 자신이 마법에 걸렸다고 생각했다. 그리고 공작부인은 돈키호테와 산초에게 조롱을 일삼았다. 그러는 가운데 산초가 바라타리아 섬의 영주가 되어 취임했다. 이 부분이 매우 인상적으로 다가온다.

나아가 사자의 모험이라든가 몬테시노스 동굴의 모험 그리고 마법
선의 모험 등은 매우 뚜렷한 이미지로 남는다. 돈키호테는 은빛 달의 기
사와 결투에서 패배하자 기사로서 이곳저곳을 다니던 것을 그만두고
고향으로 돌아가 병상에 눕는다. 그리고 알론소 키하노로 돌아가 죽음
맞았다.

소설 《돈키호테》는 당시 세계정복을 꿈꾸던 에스파냐의 사회적인
상실감과 실의에 빠져 있던 세르반테스는 자신의 현실을 돌아보며 쓴
소설이라는 점에서 큰 의미를 지닌다고 하겠다.

요한 볼프강 폰 괴테
(1749~1832)
독일 최고 시인이자 소설가,
과학자, 정치가. 대표 작품
《파우스트》《젊은 베르테르의
슬픔》

《젊은 베르테르의 슬픔》은 괴테 자신의 실제 경험을 바탕으로 쓴 소설이다. 그는 약혼자가 있는 로테라는 여자를 사랑하면서 많은 심리적 갈등을 겪었는데, 이 소설은 그런 자신의 자유분방한 감정을 서간체 형식의 문장으로 보여준다.

베르테르는 성품이 온화하고 교양을 갖춘 젊은이이다. 그는 부유한 가정에서 성장하였다. 그러던 어느 날 그는 작은 시골 마을로 간다. 그런데 그곳에서 마음에 드는 여자를 보게 되면서 사랑의 감정이 싹튼다.

여자의 이름은 로테로 아버지는 법관이었으며 8명이나 되는 동생들을 보살피며 지낸다. 로테의 아름답고 청순함에 매료된 베르테르의 가슴은 뜨거운 연정으로 불타오른다. 그러던 어느 날 그녀에게 약혼자가 있다는 걸 알게 되었다. 여행을 떠났던 로테의 약혼자인 알베르트가 돌아 온 것이다.

그 순간 베르테르의 뜨거운 가슴은 점차 사라지고 쓸쓸함과 외로움으로 물들기 시작했다. 날이 갈수록 그의 얼굴에는 어두운 그늘이 지고 생기가 사라지는 등 그야말로 사랑을 잃은 자의 슬픔을 그대로 드러냈다.

그후 베르테르는 타국에서 공사관으로 일하며 지내던 중 로테와 알베르트가 결혼식을 올렸다는 소식과 그가 귀족 사교계에서 신분차별을 당한 일로 정신적인 충격을 받는다. 그는 다시 로테가 사는 곳으로 갔다. 하지만 그의 가슴에는 희망이 사라지고 그의 얼굴엔 기쁨이라고는 찾아 볼 수 없었다. 알베르트가 집을 비운 날 그는 로테를 찾아가 시를 읽어준다. 시를 듣고 그녀가 감격해하자 자신도 모르게 그녀를 포옹하였다. 그리고 다음 날 여행을 간다며 알베르트에게 권총을 빌려 한밤중에 자살을 한다.

소설《젊은 베르테르의 슬픔》은 사랑하는 여자를 향한 어쩔 수 없는 운명에 삶을 마감한 맑고 순수한 젊은이의 사랑을 잘 보여준 소설이다.

25 별

알퐁스 도데(1840~1897)
프랑스 소설가. 대표 작품 :
《풍차방앗간에서 온 편지》

주인집 딸 스테파네트는 목동에게 줄 식량을 직접 갖고 노새를 타고 산으로 간다. 예정된 식량 배달이 여느 때와는 달리 매우 늦자 목동은 아침에는 교중미사 때문에 늦고 낮에는 소나기가 내리는 바람에 늦는 거라 여기며 기다리고 있었다.

한참을 기다리는데 저 멀리 노새가 다가오고 있었다. 잠시 후 노새가 도착하자 목동은 깜짝 놀라고 만다. 노새를 타고 도착한 사람은 바로 자신이 꿈에서나 그리던 스테파네트 아가씨였던 것이다.

목동이 깜짝 놀라 당황해하는 동안 스테파네트는 심부름꾼 아이는 앓아누웠고, 노라드 아주머니는 휴가를 얻어 자식들을 보러 갔기 때문에 자신이 직접 왔는데, 오는 동안 길을 잃어 늦었다고 말했다. 목동은 아가씨를 가까이서 보는 것이 처음인데다 그녀가 자신을 위해 여기까지 왔다는 사실이 무척이나 기뻤다.

하지만 쑥스럽고 당황해서 말도 제대로 못하고 어찌할 줄을 몰랐다. 그의 마음도 모른 채 스테파네트는 목동의 거처를 구경하며 산 위의 생활에 대해 여러 이야기를 듣기도 하고 장난스러운 질문을 하며 즐거워하였다. 얼마 후 스테파네트가 떠나자 목동은 해가 질 때까지 그 자리에 멍하니 서 있었다.

그런데 얼마 후 스테파네트가 흠뻑 젖은 채로 다시 올라왔다. 날이 늦어서 스테파네트가 혼자서 돌아갈 수가 없자, 목동은 그녀가 몸을 말리고 쉬도록 모닥불을 피우고 먹을 것을 가져다 주었다. 그리고 목동은 그녀가 쉴 수 있게 밀짚을 새로 깔고 새 모피로 잠자리를 마련해 주고 모닥불 옆에 앉는다. 잠시 후 스테파네트가 잠을 이루지 못하고 밖으로 나왔다. 목동은 그녀와 함께 밤하늘에 대한 이야기를 나눈다. 그러다 스테파네트는 목동의 어깨에 머리를 기댄 채 잠이 들고, 목동은 아가씨의 얼굴을 보며 해가 뜰 때까지 밤을 보낸다.

소설《별》은 티 없이 맑고 예쁜 주인집 아가씨를 향한 목동의 순수한 사랑이 아침이슬처럼 맑고 영롱하게 피어난 작품이다.

26 크리스마스 캐럴

찰스 디킨스(1812~1870)
영국 소설가. 대표 작품 :
《크리스마스 캐럴》《올리버
트위스트》《위대한 유산》

《크리스마스 캐럴》은 찰스 디킨스의 많은 작품 가운데 진실에 이르는 길이 무엇인지를 가장 쉬우면서도 가장 확실하게 보여준다.

스크루지는 욕심쟁이에다 지독한 구두쇠였다. 여느 해와 다름없이 혹독한 추위를 물고 크리스마스 이브가 찾아왔다. 하지만 사무실 서기 크로체트의 방에는 오직 한 덩어리 석탄 조각만이 타고 있을 뿐이었다.

그날 밤 스크루지에게 예전의 동업자인 말레이의 망령이 나타났다. 망령은 "나는 살아생전에 욕심쟁이에다 구두쇠였기 때문에 쇠사슬에 묶인 채 이렇게 고생하는데, 너도 역시 마찬가지 일거야."라며 말했다. 망령은 이어 말하기를 "그러나 네게는 구원의 길이 남아 있다. 내일 밤부터 하룻밤에 한 가지씩 너의 과거와 현재와 미래를 보여주는 망령이 나타나 네게 구원의 길을 가르쳐 줄 것이다."라고 말한 뒤 사라졌다.

시계가 새벽 1시를 가리키자 첫 번째 유령이 나타나서 따라오라고 했다. 그는 '과거의 크리스마스 유령'으로 그에게 그의 쓸쓸한 소년시절과, 지금은 없는 착한 누나와, 그가 돈 때문에 버린 옛 애인을 보여주었다.

두 번째 유령은 '현재의 크리스마스 유령'으로 그를 서기네 집으로 데려갔다. 일가족이 모여 "메리 크리스마스!"를 외치며 행복스럽게 지내는 모습을 보게 된다. 그리고 스크루지를 위해 축배를 드는 조카의 집도 보여주었다.

세 번째 유령은 '미래의 크리스마스 유령'으로 스크루지가 차디찬 방에 홀로 죽어 있는 모습을 보여주었다. 그의 죽음에 대해 마을 사람들은 슬퍼하기는커녕 오히려 기뻐하는 것이었다.

잠에서 깬 스크루지는 크게 뉘우치고는 맨 먼저 익명으로 서기 크로체트네 집에 큼직한 칠면조를 보냈다. 또 가난한 사람들을 위하여 많은 액수의 돈을 기부하고, 조카네 집으로 달려가 즐거운 크리스마스 만찬에 참석하였다. 스크루지는 크리스마스 이후 새사람이 되었다.

이 소설은 참인간의 본질이 무엇인지를 잘 보여준다.

27 목걸이

기드 모파상(1850~1893)
프랑스 소설가. 대표 작품 :
《죽음처럼 강하다》《우리들의
마음》 외

문부성 하급관리를 남편으로 둔 마틸드는 예쁘고 멋진 여자다. 그녀는 언제나 멋진 대저택에서 하녀들의 시중을 받는 화려한 꿈에 부풀어 있었다. 그러나 현실은 정반대다. 작고 낡은 집, 싸구려 소파에 하녀는커녕 자신이 직접 밥하고 빨래하고 청소를 해야 한다. 마틸드의 얼굴은 언제나 시무룩하고 남편에게 곧잘 짜증을 부리지만 가난한 남편으로서는 어쩔 도리가 없었다.

그러던 어느 날 장관이 초대하는 파티에 부부동반으로 참석하게 된다. 그녀가 옷 타령을 하자 남편은 아껴 모아둔 용돈을 탈탈 털어 아내에게 준다. 마틸드는 옷가게로 가서 마음에 드는 옷을 사서 집으로 온다. 그녀는 퇴근한 남편에게 변변한 목걸이가 없다고 말하지만 남편은 아무 말도 할 수 없었다. 목걸이를 사 줄 돈이 없었던 것이다.

마틸드는 불평불만을 늘어놓다 부잣집 친구를 찾아가 목걸이를 빌려 파티에 참석하였다. 화려한 샹들리에 아래 멋지게 꾸미고 온 여자들 사이에서도 마틸드의 미모는 단연 돋보였다. 근사한 파티가 끝나고 집으로 돌아온 마틸드는 너무나도 행복한 얼굴이었다.

그러나 잠시 후 그녀는 비명을 질렀다. 목걸이가 없어진 것이다. 마틸드는 3만 5천 프랑이나 하는 목걸이를 사기 위해 파출부 일을 시작했다. 10년이란 세월이 흐르고 그녀는 목걸이를 사서는 친구에게 찾아가 그동안 있었던 이야기를 털어놓았다.

마틸드의 얘기를 듣고 친구는 안타까운 표정으로 그 목걸이는 500프랑 하는 가짜라고 말했다. 친구의 말을 듣는 순간 마틸드의 얼굴은 짙은 절망감에 사로잡혔다. 아름답던 얼굴은 주름이지고 멋진 몸매는 예전의 몸매가 아닌 그저 보통의 여자로 변해 있었던 것이다.

소설《목걸이》는 지나친 허영심이 한 여자에게 미치는 영향에 얼마나 심각한지를 잘 보여준다. 그렇다. 도를 넘는 허영심은 부려서도 안 되고, 자기분수에 맞는 삶을 살아야 진정한 행복을 느끼게 됨을 잊지 말아야겠다.

28 미운 오리 새끼

한스 크리스티안
안데르센(1805~1875)
덴마크 시인이며 동화작가. 대표
작품 《미운 오리 새끼》《성냥팔이
소녀》《인어공주》

세계 역사상 최고의 동화작가로 평가받는 한스 크리스티안 안데르센. 그의 수많은 인기작품 가운데 《미운 오리 새끼》를 살펴보도록 하겠다.

어느 여름날 한 농가의 연못가에서 여러 오리 알들 중 가장 크고 이상하게 생긴 알에 새끼가 태어났다. 그런데 생김새가 다른 오리들과는 너무도 달랐다. 그러자 형제들로부터 '미운 오리 새끼'라는 별명으로 불리며 따돌림을 당한다.

주변의 다른 동물들까지도 미운 오리 새끼를 조롱하였으며, 어디에서도 환영받지 못하는 불쌍한 신세가 되었다. 미운 오리 새끼는 자신이 왜 다른 오리들과 다른지 이해하지 못한 채, 날마다 깊은 슬픔과 외로움을 느끼며 살아간다.

결국 미운 오리 새끼는 더 이상 견디지 못하고 자신을 괴롭히는 환경에서 벗어나기로 결심하고, 홀로 세상으로 나가 떠돌기 시작한다. 추운 겨울이 찾아오고, 미운 오리 새끼는 얼어붙은 연못에서 굶주림을 견디며 살아간다. 고된 시간을 견디며 미운 오리 새끼는 성장해 나갔다.

그러는 가운데 따뜻한 봄이 되었다. 그러던 어느 날 미운 오리 새끼는 한 무리의 아름다운 백조를 만난다. 백조들의 멋진 모습을 보고 처음에는 자신이 그들처럼 될 수 없을 거라 생각했다. 하지만 물에 비친 자신의 모습을 보고 놀라운 사실을 깨닫는다. 미운 오리 새끼는 더 이상 자신이 미운 오리 새끼가 아니라 누구보다 아름다운 백조가 되어 있었다. 미운 오리 새끼는 자신이 누구인지를 이해하게 되었고, 백조들과 함께 하늘을 나는 행복한 삶을 살게 된다.

　안데르센은 《미운 오리 새끼》를 통해 남들과 다르다는 것은 자신의 잘못이 아니라는 사실과 누구나 자신만의 특성과 본성이 있다는 것을 보여준다. 그런 까닭에 어떤 환경 속에서도 자아를 통해 자신만의 길을 가는 것이 중요함을 일깨워준다.

29 기탄잘리

라빈드라나드 타고르
(1861~1941)
인도 시인. 노벨문학상 수상.
대표 작품 : 《아침의 노래》
《마나시》

《기탄잘리》는 1913년 아시아 최초로 노벨문학상을 수상한 타고르의 시집으로 신께 바치는 송가이다. 이 시집은 157편의 벵갈어로 된 시를 타고르가 직접 103편을 골라 영어로 번역한 것을 1912년 영국에서 발행하였다.

《기탄잘리》는 연작시로 편편마다 신에 대한 사랑을 노래한다. 그러나 그의 시는 화려하지 않다. 시적 테크닉도 없다. 그의 시에 대해 영국의 시인 예이츠는 "흙먼지가 눈에 띄지 않도록 적갈색 옷을 걸치고 있는 나그네"라고 평하였다. 이는 타고르의 시가 갖는 소박함과 은은함, 드러내지 않고 안으로부터 들려오는 울림 등을 말한다.

님은 나를 언제나 새롭게 하시니,
여기에 님의 기쁨이 있습니다.

빈약한 이 그릇을 님은 비우고 또 비우시며,
언제나 신선한 생명으로 채우고 또 채우십니다.

언덕 넘어 골짜기 넘어 님이 가지고 다니는
이 작은 갈대피리는 님의 숨결을 받아
영원히 새로운 가락을 울려 왔습니다.

님의 불멸의 손길에 내 작은 마음은 기쁨에 젖어

그 한계를 잊고,
표현불가능한 것들을 말로 바꾸어 놓기도 합니다.

님이 나에게 주는 무한한 선물은
오로지 아주 작은 이 두 손으로만 옵니다.

세월이 흘러도 여전히 님은 나를 채워주지만,
나에게는 아직 채울 자리가 남아 있습니다.

　이 시는 〈기탄잘리 1〉 이다. 이 시를 보면 자신을 새롭게 하는 신께 대한 기쁨과 자신을 축복으로 채우는 신께 대한 감사함이 잘 나타나 있다. 그리고 여전히 신의 축복과 사랑을 받기를 갈구하고 있다. 신께 대한 이런 갈망이 신을 기쁘게 하고 신으로부터 인정받을 수 있게 한다. 신도 가만히 있는 자에게는 자신의 사랑과 축복을 주지 않는다. 그 사랑과 축복을 받기 위해 끊임 없이 기도하고 신을 위해 노력하는 자에게 사랑과 축복을 선물로 주는 것이다.
　이렇듯 타고르는 《기탄잘리》에서 생과 죽음, 자연과 신에 대한 자신의 감정을 담담한 어조로 밝히고 있다. 이 담담함이 소박함으로 순박함으로 나타나 깊은 감동을 주는 것이다. 그래서 《기탄잘리》는 시적 성과를 이룬 독보적인 시집이다.

30 작은 아씨들

루이자 메이 올컷(1832~1888)
미국 소설가. 대표 작품 : 《작은
아씨들》《라일락 꽃 피는 집》

소설 《작은 아씨들》은 19세기 미국 남북전쟁을 배경으로 매사추세츠 주에 살고 있는 중산층 가정인 마치 가족 네 자매의 성장과 가족사를 유머러스하고 섬세하게 그려낸다.

첫째인 메그는 맏딸답게 책임감이 강해 어머니를 도와 집안일을 꾸려가면서 부잣집 아이들의 보모이자 가정교사로 일한다. 그녀는 부자들의 그릇된 실상을 통해 가난해도 충분히 만족하며 살 수 있다는 사실을 깨닫는다. 그래서일까, 그녀는 가난한 가정교사인 존 브룩과 결혼한다.

둘째인 조는 책읽기를 좋아하고 상상력이 풍부해 틈틈이 글을 쓰며 작가의 꿈을 키워간다. 또한 성격이 활달하며 자기중심이 강하지만 마음은 온유하고 따뜻하다. 그 예로 남북전쟁터에서 부상당한 아버지를 만나러 가는 어머니를 위해 자신의 긴 머리를 잘라 여비를 마련해 준다. 그녀는 이웃에 사는 로렌스 할아버지의 손자인 로리와 허물 없이 지내지만 학교를 졸업한 로리가 청혼하자 이를 거절한다.

셋째 배스는 조용하고 내성적인 성격으로 피아노 치기를 좋아한다. 그녀는 헌신적이고 동정심이 많아 성홍열에 걸린 가난한 집 아이를 간호하다 병이 전염되어 결국 젊은 나이에 세상을 떠난다.

넷째인 에이미는 귀엽고 사랑스러운 소녀이다. 하지만 어려서부터 많은 사랑을 받고 자라 매사에 제멋대로이다. 그러다보니 개성이 강한 조와 자주 부딪친다. 연극공연에 데려가지 않은 조에게 앙심을 품고 그녀가 애써 써 놓은 원고를 불태워 버린다. 그러나 성장하면서 타인과 소통하고 공감하는 법을 배운다. 훗날 조에게 청혼했던 로리와 결혼한다. 이 소설은 따뜻한 인도주의를 바탕으로 행복한 가족의 정서를 통해 가족의 소중함을 잘 보여준다.

소설 《작은 아씨들》은 자가인 루이자 메이 올컷의 자전적인 소설로, 주인공인 마치 가문의 네 자매 캐릭터들은 그녀와 그녀의 자매들을 모델로 구성하여 생동감이 넘치는 가족소설로 유명하다.

31 고리오 영감

오노레 드 발자크(1799~1850)
프랑스 소설가. 대표 작품 :
《인간희극》《고리오 영감》
《골짜기에 핀 백합》

파리의 싸구려 하숙집 보케관에는 고리오 영감이라고 불리는 노인과 학생인 외젠 드 라스티냐크라 등 여러 명이 살고 있다. 제분업으로 많은 돈을 번 고리오 영감은 거액의 지참금을 가지고 귀족에게 시집 보낸 두 딸로 인해 지금은 거의 무일푼 상태로 연금으로 생활한다. 그는 가난한 아버지를 창피하게 여기는 딸들을 위해 싸구려 하숙집에 몸을 숨기고 살면서도 두 딸을 그리워하며 늘 마음 졸인다.

가난해진 아버지를 창피해하는 두 딸은 허영심으로 가득 차 있다. 그들은 아버지가 물려준 재산을 파리 사교계에 어울리는 화려하고 사치스러운 옷과 액세서리를 구입하는 데 탕진한다. 때때로 모자라는 비용은 아버지 고리오 영감에게 받아낸다. 고리오 영감은 마지막 남은 재산인 은쟁반을 팔고 종신연금마저 저당 잡혀 딸들에게 보낸다. 그러나 두 딸은 아버지가 어떤 상황인지, 어떻게 생활하는지에 대해서는 아예 관심조차 두지 않는다. 가증스럽게도 돈이 필요할 때만 늙은 아버지를 찾을 뿐이다.

늙고 쇠약해진 고리오 영감은 지병으로 생사를 넘나든다. 고리오 영감은 라스티냐크와 그의 친구의 간병을 받으며 딸들의 이름을 허망하게 부르기도 하고 저주와 축복의 말을 번갈아 내뱉기도 한다. 그러다가 두 청년을 딸들로 착각한 채 숨을 거둔다. 하지만 큰 딸은 남편과의 다툼을 이유로, 작은 딸은 무도회에 참석해야 한다는 핑계로 오지 않는다. 그러자 라스티냐크는 선물로 받은 시계를 전당포에 잡히고 고리오 영감의 장례식을 치러 준다.

소설《고리오 영감》은 지극정성으로 두 딸을 키웠지만, 딸들에게 버림받은 고리오 영감을 통해 아무리 자식이라지만 맹목적인 부모의 사랑이 얼마나 모순적인지를 잘 보여준다. 또한 자식들의 이기심과 비윤리성이 부모에겐 얼마나 치명적인 아픔이자 불행인지를 적나라하게 보여준다.

32 왕자와 거지

마크 트웨인(1835~1910)
미국 소설가. 대표 작품 :
《왕자와 거지》《톰 소여의 모험》
《허클베리 핀의 모험》

16세기 중엽 어느 가을날 영국왕실과 런던 시에서는 두 사내 아이가 태어난다. 한 명은 왕세자 에드워드 튜더이고, 다른 한 명은 가난한 캔트 집안의 아들 톰 캔트이다. 그런데 놀라운 것은 둘은 마치 한 부모에게서 난 일란성 쌍둥이처럼 서로 비슷하게 닮았다.

하지만 그 둘의 삶은 극과 극이었다. 에드워드는 넓고 크고 으리으리한 왕궁에서 부모의 사랑과 백성들의 축복을 받으며 자랐지만, 톰은 아버지와 할머니의 구박을 받고 구걸을 하며 생활하였다. 톰은 빈민굴에 살지만 언제나 왕궁생활을 동경하며 왕자의 삶에 대한 책을 읽고 왕궁생활을 꿈꾸며 잠들곤 했다.

그러던 어느 날 우연히 왕자를 만나 옷을 바꿔 입게 되고, 옷을 바꿔 입은 자신과 왕자를 알아보지 못하는 병사로 인해 톰은 자신이 꿈에 그리던 왕궁생활을 하게 된다. 그러나 톰은 자신이 상상했던 왕궁생활이 현실과는 다르다는 것을 알게 되고, 구걸하면서 살았던 생활이 더 자유롭고 행복했다고 생각한다.

왕자 또한 빈민굴, 농가, 감옥, 도둑소굴 등을 전전하면서 실제 빈민들의 삶을 체험하고는 자신이 왕위를 되찾으면 좋은 왕이 되겠다고 다짐한다. 왕이 사망하고 톰이 왕위를 이어받는 날 에드워드는 자신이 진짜 왕자임을 주장하고, 사라진 국새의 위치를 정확히 말함으로써 왕위를 되찾는다.

에드워드는 왕위에 오른 후 자신이 거지로 오인받던 시절 보살펴 주

었던 마일스 헨튼과 톰을 소중히 아낀다. 비록 에드워드는 오래 살지
는 못했지만, 그 자신이 생각한대로 통치를 하면서 백성들의 존경을 받
았다.

소설《왕자와 거지》는 무엇이 됐던 아무리 남의 것이 좋아보여도 그
것이 자신에게 맞지 않으면 행복을 느끼지 못한다는 걸 잘 알게 한다.
그런 까닭에 사람은 저마다 자신에게 잘 맞는 삶을 지향해야 한다.

CHAPTER
2

세상의 중심에 선 사람들
— 세계 인물 —

01 버락 오바마

버락 오바마(1961~)
미국 44대, 45대 대통령.
2008년《뉴욕 타임스》선정
'올해의 인물'. 2009년
'노벨평화상' 수상.

미국 최초의 흑인 대통령인 버락 오바마는 1961년 케냐 출신의 흑인 아버지와 백인 어머니 사이에서 태어났다. 그런데 불행히도 부모가 이혼을 하는 바람에 외조부모의 보살핌으로 1979년 고등학교를 졸업하고, 명문 컬럼비아대학교와 하버드대학교 법학대학원을 졸업하였다.

오바마는 시카고 지역사회개발프로젝트에 처음으로 기금을 지원한 재단 '시카고 숲 기금'의 이사회에서 일했으며, '조이스재단' 이사회, '시카고 애넌버그 챌린지' 이사를 지냈으며, '지역기술센터'이사회, 인권변호사로 일하는 등 자신의 역량을 지역사회활동에 온통 쏟아 부었다.

오바마는 시카고 사회활동 경험을 바탕으로 정계에 진출하였다. 2004년 미연방상원의원에 출마하면서 그의 존재가 미국 전역에 알려짐으로써 미국인들의 관심을 끌기 시작했다. 그는 대권에 도전해 미국의 '희망과 변화Hope and Change'와 '우리는 할 수 있다Yes We Can'는 슬로건으로 미국 유권자들을 감동시켰다. 그리고 마침내 제44대 미국대통령에 당선되었다. 그의 업적으로는 이라크 전을 종식시킨 것과, 알카에다 최고 지도자인 오사마 빈 라덴을 제거했으며, 새로운 일자리 500만 개를 만들었으며, 주택가격 상승, 원유해외의존도 하락, 자동차산업을 회복시킨 것 등을 들 수 있다.

2012년 11월 그는 재선에 성공하며 강력한 리더십으로 미국이 세계 중심국가로서의 역할을 충실히 해냄은 물론, 세계 평화에 기여한 공로로 2009년 '노벨평화상'을 수상하였다.

02 이사도라 덩컨

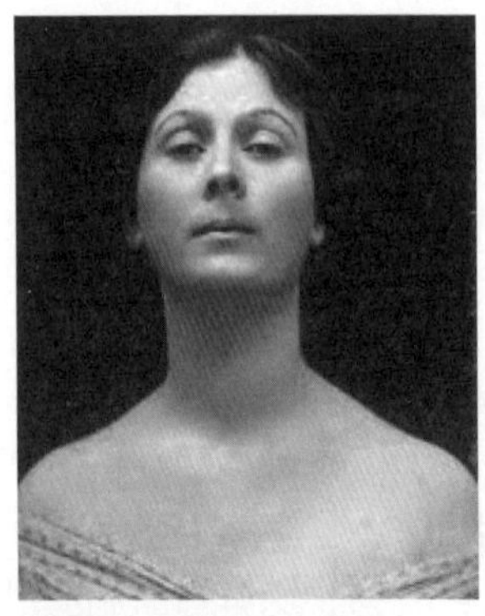

이사도라던컨(1878~1927)
미국 출생. 자유무용의 창시자로
현대무용의 개척자. 1904년
베를린에 무용학교 설립함.

현대 무용의 개척자 이사도라 덩컨은 1878년 미국에서 태어났다. 어린 시절 음악교사였던 어머니에게서 음악의 기초와 발레를 배웠으며, 18살 때인 1897년 델리단원으로 영국으로 건너가 발레 수업을 받고, 뉴욕으로 돌아와 다시 발레 수업을 받았다.

이사도라 덩컨은 무용을 잘한 것 못지않게 개성과 주관이 뚜렷해서 무용복을 만들 때도 옷감 선택은 물론, 의상제작 등에 세밀하게 신경썼다. 또한 그녀는 정통 무용복보다는 무용의 성격에 따라, 파격적인 무용복을 즐겨 입었다. 파격적인 행보에 많은 사람들은 그녀의 미래를 예의주시했다.

이사도라 덩컨은 자신의 뜻을 좀 더 펼쳐 보이기 위해 유럽으로 갔다. 그녀는 파리에서 새로운 무용을 발표했는데, 지금과는 다른 개성의 발레를 보여주었다. 관객들의 반응은 뜨거웠다. 그녀가 택한 새로운 무용 스타일은 기존 무용에 대한 거부이며 새로움을 추구하는 도전이었다. 그리고 그녀가 시도한 발레의 대중화 운동은 발레 역사에 하나의 혁신이었다.

그녀에게 고무된 사람들은 열렬한 지지와 아낌 없는 사랑을 보내주었다. 그녀가 전개한 발레 운동은 신무용이라고 불리며 기존 발레를 한층 끌어올리는 결과를 낳았다. 그녀가 세계 발레 역사에서 영원한 전설이 될 수 있었던 것은, 기존의 것을 보다 새롭게 이끌어낸 창조적이고 도전적인 마인드를 가졌기 때문이었다.

03 앨버트 아인슈타인

앨버트 아인슈타인(1879~1955)
20세기 최고의 물리학자.
특수상대성이론 발표. 베를린
대학교수. 노벨물리학상 수상.

앨버트 아인슈타인은 1879년 독일에서 태어났다. 어린 시절 틀에 짜인 정형화된 교육은 그의 흥미를 끌지 못했다. 그러나 수학과 과학에는 놀라운 집중력을 보이며 매우 흥미로워 했다. 그는 뛰어난 수학과 물리학의 재능으로 16살에 '운동체의 광학'에 착안하였다.

그는 스위스 취리히 연방공과대학에서 물리학과 수학을 공부한 후, 스위스 특허사무소 심사관으로 일하며 독일의 유명한 월간 학술지인《물리학연보》에 〈분자차원의 새로운 결정〉 이라는 논문을 게재했는데, 이 논문으로 취리히대학교에서 박사학위를 취득하였다. 그해《물리학 연보》에 4개의 중요한 논문을 발표했는데, 이는 인간의 우주에 대한 생각을 완전히 바꾸게 했다.

1911년 보히미아의 프라하대학, 1912년 취리히공과대학 교수가 되었고, 1914년 베를린대학에 초빙되었다. 그리고 카이저 빌헬름협회물리학 연구소 물리학부장, 베를린 학사원 회원이 되었다. 아인슈타인은 1915년 '일반상대성이론'을 완성했으며 이어 1917년 '상대적 우주론'을 발표하며 1921년 노벨물리학상을 수상하였다. 1929년에는 상대성 이론을 더욱 확장하여 만유인력 및 전자기력의 일체를 포함한 '장의 통일이론'을 발표하였다.

그의 연구는 불변의 진리라고 믿던 뉴턴의 물리학에 근본적 변혁을 가져옴으로써 20세기 이후의 최고의 물리학자가 되었다. 그는 독일이 원자폭탄을 만드는 계획을 세워 진행하자, 루스벨트 대통령에게 원자폭탄 제조의 필요성을 역설하여 제2차 세계대전을 빠르게 종식시켰다.

04 윈스턴 처칠

윈스턴 L. 스펜서 처칠
(1874~1965)
영국 수상겸 정치가. 회고록
《제2차 세계대전》으로
노벨문학상 수상.

영국수상을 두 번이나 역임한 윈스턴 처칠은 영국 명문귀족인 말버러 가문의 후손이다. 그는 공부를 잘하지 못해 해로우공립학교에 꼴등으로 들어갔고, 고민 끝에 선택한 샌드허스트 육군사관학교도 두 번이나 떨어지고 세 번째 도전에서 겨우 합격할 수 있었다. 그런 처칠의 내면 깊숙이에는 강한 불굴의 의지와 신념 있었으며, 유머와 개성이 넘쳤다. 또 그에게는 상대방을 사로잡는 진지한 설득력과 강한 리더십이 있었다.

처칠은 육군사관학교 졸업 후 기병소위로 임관하여 보어 전쟁에 참여했다 포로로 잡혔지만 탈출하였으며, 제1차 세계대전 당시 해군장관으로 활동하였다. 하지만 작전에 실패하여 문책을 당해 장관직을 사퇴하였다. 그후 중령으로 복귀해 전쟁에 참전하여 자신의 능력을 유감 없이 발휘하였다. 제1차 세계대전 후 보수당 의원으로 활동하다 자유당으로 당적을 옮겼다 다시 보수당에 재입당하여 보수당 정치인들의 비난을 사기도 했다. 하지만 처칠은 개의치 않고 자신의 신념대로 적극적인 정치활동을 하였다.

그는 나치가 영국을 공습할 것을 염려해 공군력을 강화해야 한다고 주장하였으나 반대에 부딪쳐 뜻을 이루지 못하다, 어느 날 나치가 처칠의 말대로 영국을 공격하자, 그의 견해를 중시하게 되었고 해군장관에 임명하였다. 그후 처칠은 영국을 지켜내고 연합국의 승리를 이끌며 조지 6세의 승인으로 총리에 임명되었다. 처칠은 노벨문학상을 수상하는 등 세계적인 정치가로 우뚝 섰다.

05 제인 구달

제인 구달(1934~)
영국 출생. 동물학자.
침팬지연구권위자. 대표 저서 :
《제인구달 생명의 시대》

침팬지와 평생을 함께하며 연구한 동물학자이자 휴머니스트 제인 구달. 그녀는 어린 시절 아프리카 동물에 관한 책을 읽고 큰 흥미를 느껴, 10대 때부터 자신의 꿈을 설계하고 동물에 대한 책을 탐독하며 다양한 지식을 길렀다.

그녀는 23살 때인 1957년 케냐로 가서 고생물학자 루이스 리키와 함께 침팬지 연구를 시작했다. 자신이 생각했던 것보다 연구는 만만치 않았지만, 어느 정도 적응을 하게 된 후 좀 더 깊이 있는 연구를 하기 위해 탄자니아로 갔다.

제인 구달은 탄자니아 공비국립공원에서 야생 침팬지들과 함께 지내며 본격적으로 침팬지 연구에 들어갔다. 그녀는 수많은 위험에도 밤낮으로 침팬지를 관찰하며 소리, 몸짓, 특징을 세밀히 살피며 기록하였다. 그 결과 침팬지들이 사람처럼 도구를 사용한다는 것을 알게 되었다. 그녀는 지속적이고 체계적인 연구를 위해 공부를 하고 캠브리지대학교 대학원에서 동물행동학 박사학위를 받았다. 그녀는 1975년 제인 구달 연구소를 설립하였으며, 자신의 연구 결과를《내 친구 야생 침팬지》《무지한 킬러들》등의 책으로 담아냈다.

제인 구달은 침팬지 연구와 자연환경보호운동에 대한 공로로 앨버트 슈바이처상, 에든버러 메달, 내셔널지오그래픽 소사이어티 하버드상을 비롯하여 벤저민 프랭클린 메달과 엘리자베스 2세로부터 작위를 받았다. 제인 구달의 위대성은 자신의 자아를 실현함은 물론 동물을 보호하는 것이 환경을 보존하는 일이며, 그것은 곧 온 인류를 위하는 일이라고 여겨 평생을 다 바쳐 그 일을 이뤄냈다는 점이다.

 06 마거릿 대처

마거릿 대처(1925~2013)
영국 정치가. 유럽 최초의
여성총리로 3번 연임. 오더 오브
메리트 수훈. 남작 작위를 받음.

영국의 역대 수상 가운데 3선을 연임한 최초의 마거릿 대처 총리. 그녀는 옥스퍼드대학교 서머 빌 칼리지를 졸업하고, 1953년 변호사 자격을 취득하였다. 그리고 1959년 보수당 소속으로 하원의원에 당선했다. 그후 1961년부터 1964년까지 연금국민보험부 장관을, 1970년부터 1974년까지 교육과학부 장관을 역임했다. 1975년 영국 최초의 보수당 당수가 되었다. 1979년 노동당의 캘러헌 내각이 의회에서 불신임을 당하고 해산한 직후, 총선거에서 보수당이 승리함으로써 영국 최초의 여성총리가 되었다.

대처는 집권 후 긴축재정을 위해 단호하게 반대파들을 굴복시키고 골칫거리였던 노조를 와해시키는 데 성공하며 침체되었던 경제부흥을 일으켰다. 1982년도 포틀랜드가 자국의 영토임을 주장하는 아르헨티나와 벌인 전쟁을 간단하게 끝냈다. 기세등등했던 아르헨티나가 꼬리를 내리고 항복한 것이다. 이 전쟁으로 대처는 국민들의 절대적인 지지를 받았다. 대외적으로는 영국의 강한 힘을 전 세계에 알리며 강력한 정치가로 부각되었다.

국가예산을 물먹듯 먹어치우는 공공기관을 사유화하고, 교육, 의료 등 공공분야에서 국고지원을 삭감하는 등 획기적인 정책을 실시하였다. 그 결과 성공적으로 개혁을 단행함으로써 대처리즘이란 신조어를 만들어내며 철의 여인이라는 별칭을 얻었다. 대처는 영국 경제를 정상화하고 정치역량을 끌어올리며, 영국 정치사에 길이 남는 정치가가 되었다.

조지 워싱턴

조지 워싱턴(1732~1799)
미국 초대 대통령(재선).

미국의 초대 대통령인 조지 워싱턴은 1732년 미국의 부유한 가정에서 태어났다. 이복형에게서 막대한 부동산을 물려받고 어린 나이에 대지주가 되었지만, 그는 버지니아 군대에 들어가 남부의 부대장이 되었으며, 프렌치 인디언 전쟁에서 연대장이 되었다. 그리고 23살에 버지니아 식민지군의 총사령관이 되었다. 그후 워싱턴은 버지니아 하원의원으로 선출되었다.

1764년 워싱턴은 제1차 대륙회의의 버지니아 대표로 선출됨으로써 정치를 시작하였다. 그리고 제2차 대륙회의에서도 버지니아 대표로 선출된 그는 미국군의 총사령관이 되었다. 이후 워싱턴은 영국과의 독립전쟁에서 승리를 함으로써 제헌의회 의장으로 선출된 후 선거인단의 만장일치로 미국의 초대 대통령이 되었다. 그는 안정적으로 정치를 이끌며 신생 독립국가인 미국의 기초를 탄탄히 다져나갔다. 그로인해 국민들의 절대적인 지지에 힘입어 재선에 성공하였다. 그는 국가의 기반을 탄탄히 다진 후 국민들의 열렬한 성원에도 마다하고 아름다운 퇴임을 결행하여 미국 정치사에 한 획을 그었다.

조지 워싱턴은 정직하고 신념이 강했으며 인품이 뛰어나 덕으로 사람들을 대했다. 또한 그는 미국이 초강대국으로 세계 속의 미국이 되는 데 근간을 이뤘으며, 진정한 정치가의 자세가 무엇인지를 잘 보여준 성공한 정치가였다. 지금도 그는 인품이 뛰어난 강직한 대통령으로 미국 국민들의 존경을 받고 있다.

08 윌리엄 오슬러

월리엄 오슬러(1849~1919)
미국 의사. 미국 존스홉킨스
의과대학 설립자. 대표 저서 :
《의학의 원칙과 실제》

현대 의학의 아버지로 불리며 세계 최고의 의과대학인 존스홉킨스대학을 설립한 윌리엄 오슬러는 1849년 캐나다 온타리오에서 태어났다. 그는 목사인 아버지처럼 목회를 하려고 했으나 포기하고 토론토 의과대학에 입학했다. 그는 진로와 미래에 대해 진지하게 고민하던 중 영국의 사상가 토머스 칼라일의 "우리들의 중요한 임무는 멀리 있는 것이 아니라, 희미한 것을 보는 것이 아니라, 가까이 있는 분명한 것을 실천하는 것이다."라는 글을 읽고 그의 삶은 변화의 계기를 맞이했다. 그날 이후 그의 생활은 180도 달라졌다. 그는 확고한 신념으로 자신의 길을 닦아 나갔으며, 맥길대학교로 옮겨 공부한 끝에 의사 자격증을 취득했다.

이후 윌리엄 오슬러는 유럽의 연구소를 방문해 견문을 넓혀 나갔다. 그는 연구소 중에서도 실험생리학을 부각시킨 존 버든 샌더슨의 생리학연구소가 있는 런던대학교에 머물며 배움을 지속했다. 그후 캐나다로 돌아온 윌리엄 오슬러는 일반 진료를 시작했고, 맥길대학교 의학연구소의 강사에서 교수로 임용되었다. 환자 진료와, 강의, 연구를 병행하는 동안 그의 명성은 널리 알려졌다. 그는 미국 볼티모어에 새로 생기는 존스홉킨스대학의 의학교수로 와달라는 초청을 받고 흔쾌히 승낙했다. 윌리엄 오슬러는 자신을 포함한 네 명의 멤버들과 대학의 설립자가 되었으며, 모든 연구는 철저하게 책상이 아닌 실험실에서 진행되었다. 그 결과 존스홉킨스대학의 명성은 날로 높아져 세계 최고의 의과대학이라는 평가를 받게 되었으며 그 또한 최고의 의사가 되었다.

09 구스타브 에펠

구스타브 에펠(1832~1923)
프랑스 건축가, 도루강
철도교 가설(1977), 에펠탑
건설(1889)

프랑스의 랜드 마크이자 전 세계적인 건축물로 유명한 에펠탑을 설계한 구스타브 에펠. 그는 평범한 것들을 다르게 보고 비틀어서 보았던 건축가였다. 그에게는 예술가적 상상력과 독특한 개성이 있었다. 그래서인지 건축물도 그의 기질이 반영되어 독특한 세계를 담고 있다. 1889년 프랑스 정부는 만국박람회를 기념하기 위해 파리 마르스 광장에 기념 조형물을 설치할 계획으로 설계도를 공모하였다. 많은 건축가들이 공모에 응모하였다. 공모전에서 당선되면 건축가로서의 입지가 탄탄해지는 것은 물론 경제적인 부를 쌓을 수 있는 절호의 기회였기 때문이다.

심사결과 에펠의 설계가 1위를 차지하게 되었지만 문제가 생겼다. 그의 철골 설계를 반대하는 여론이 형성된 것이다. 작곡가 샤를로 구노, 작인 에밀 졸라 등 많은 이들이 반대에 나섰다. 철골 탑은 격조가 떨어져 예술도시인 파리의 위상을 크게 추락시킨다는 이유에서였다.

그러나 에펠의 생각은 달랐다. 에펠은 자신의 설계야말로 프랑스의 명물이 되어 전 세계적으로 돌풍을 일으킬 것이라고 주장하며 사람들을 설득했다. 프랑스 정부는 결국 에펠의 설계대로 시공했다. 에펠탑은 건축한 지 2년만에 완공되었다. 높이 300미터의 탑이 도시 한 가운데 우뚝 서자 파리 시민들은 열광하였다. 세계 어디에서도 볼 수 없는 위대한 건축물이라며 도시는 축제의 분위기에 휩싸였다. 에펠은 남과 다른 자신만의 관점을 추구한 결과 프랑스 건축사에서 군계일학과 같은 인물이 되었다.

10 스티브 스필버그

스티븐 스필버그(1946~)
미국 영화감독. 대표 작품
: <죠스> <인디아나 존스>
<쥐라기 공원>

스티븐 스필버그는 1946년 미국 신시내티에서 태어났다. 그의 부모는 유대인으로 어린 시절 그에게 유대인만의 교육법으로 그에게 자율과 창의성을 길러주었다. 그는 어렸을 때부터 영화에 큰 관심을 보였다. 그는 이미 13살 때 아버지에게 400달러를 지원받아 단편영화를 찍었을 정도였다. 성인이 된 스필버그는 영화감독의 꿈을 펼치기 위해 할리우드를 수시로 찾아갔고, 그런 그를 유니버셜 스튜디오 직원으로 알 정도였다.

그런 가운데 스필버그는 영화 관계자들과 자연스럽게 알게 되었고, 마침내 기회를 얻었다. 그렇게 해서 만든 첫 영화 <죠스>가 놀랄 만한 흥행기록을 세웠을 때 그의 나이 고작 20대였다. 그후 그는 뛰어난 연출력으로 많은 영화를 찍었는데 대표 작품으로는 <인디아나 존스> <쥐라기 공원> 등이 있다. 그는 만드는 영화마다 공전의 히트를 치며 세계 영화사에 전설이 되었다.

스필버그의 성공 요소는 첫째, 자신을 사랑하고 세상 중심에 서는 꿈을 늘 가슴에 품고 있었다. 둘째, 자신만의 상상력과 창의력이 뛰어났다. 셋째, 한 번 마음 먹은 것은 반드시 실행해 옮겼다. 넷째, 좋은 작품을 보는 예리한 직관력을 갖고 있었다.

스필버그는 1999년 제56회 골든 글로브 감독상을, 제71회 아카데미 감독상을, 2008년 레지옹 도뇌르 훈장 등 많은 상을 수상하였다. 그리고 2001년 대영제국 명예기사 작위를 받았다. 스필버그는 준비된 영화감독으로서 자신이 이루고 싶은 상상력으로 최고의 영화를 만든 이 시대 최고의 감독이다.

11 조지 소로스

조지소로스(1930~)
헝가리 출생. 세계해지펀드 귀재

21세기 최고의 펀드 매니저이자 소로스 펀드 매니지먼트 회장인 조지 소로스는 1930년 헝가리 부다페스트에서 태어났다. 그는 제2차 세계대전 때 조국 헝가리가 독일에 점령당하자 히틀러의 박해를 피해 영국으로 갔다. 영국으로 간 그는 자신의 미래를 위해 포터, 웨이터로 일하며 힘든 나날을 보냈다. 하지만 그는 그런 가운데서도 런던경제대학에 입학하였다.

세일즈맨으로 노동자로 일하면서 힘들게 공부한 끝에 학교를 마친 소로스는 자신의 꿈을 위해 동분서주하였다. 1969년 짐 로저스와 함께 설립한 '퀀텀펀드'가 10년 동안 연 35%의 수익률을 올리며 크게 성공하였다. 그는 1979년 자신의 결심대로 '열린사회기금'을 창립하였으며, 1984년에는 헝가리에 소로스재단을 설립하였다. 이후 동유럽 각 나라에 설립한 소로스재단의 지원을 받고 학생은 물론 지식인 등 많은 사람들이 유학하는 혜택을 누렸다.

소로스는 1979년 오픈 소사이어티 펀드를 설립하며 자신만의 뛰어난 투자의 법칙을 적용하여 많은 부를 축적하였다. 미국 경제지《포브스》는 2010년 억만장자 리스트를 발표했을 때 그의 재산은 140억 달러로 억만장자 중 35위였다. 하지만 놀라운 것은 그가 그동안 기부한 총액은 75억 달러나 되었다. 이는 당시 빌 게이츠 다음으로 많은 액수였다.

그의 말 한 마디에 세계 주가가 움직일 만큼 막대한 영향력을 갖고 있다. 그가 세계 경제를 움직이는 미다스의 손이 될 수 있었던 것은, 최악의 순간에도 꿈을 포기하지 않고 낙관적인 인간관으로 최선을 다했기 때문이다.

12 프랭클린 루스벨트

프랭클린 D. 루스벨트
(1882~1945)
미국 32대 대통령. 경제공황 때
뉴딜정책을 편 대정치가.

미국 역사상 최초로 4선 대통령이 된 루스벨트도 시련과 고난의 시절이 있었다. 그는 윌슨 대통령 재직 시 해군 차관을 거쳐, 1920년 대통령 선거 시 민주당 대표로 출마했으나 공화당에 패배하여, 실패의 쓰라림을 맛보아야만 했다. 거기다 설상가상으로 소아마비에 걸려 병마와 싸우는 시련과 아픔의 세월을 보내야만 했다.

하지만 그는 좌절하지 않았다. 그는 자신의 미래를 꿈꾸며 스스로를 강하게 담금질하는 데 최선을 다했다. 마침내 병마와 싸워 이긴 루스벨트는 1928년 불편한 몸을 이끌고는 뉴욕 지사에 당선되었다.

이후 대통령 선거에 나선 루스벨트는 1932년 극심한 경제불황에 빠진 미국을 위해 뉴딜 정책을 선언하여, 대통령에 당선되었다. 그는 약자를 보호하고 전쟁을 증오하였으며 미국을 극심한 경제대란에서 구해낼 수 있었고, 국민과 국가의 미래를 위해 확실한 꿈을 심어 주었다.

그는 '언론의 자유, 신앙의 자유, 결핍에서의 자유, 공포에서의 자유'라는 4가지 원칙을 세우고, 민주국가가 하나로 뭉쳐 이 4가지 자유를 구현하고 세계를 재건해야 한다고 호소하였다. 이 4가지 자유는 1941년 '대서양 헌장' 1942년 '연합국 공동선언'을 거쳐, 국제연합UN 헌장의 인권조항이 되었다. 그리고 1948년 국제연합UN 총회에서 채택된 '세계인권선언'의 전문이 되는 놀라운 결과를 얻어냈다.

13 존 F. 케네디

존 F. 케네디(1917~1963)
미국 제35대 대통령

미국 대통령 가운데 최초의 40대 44세에 대통령으로 당선 된 존 F. 케네디. 그는 19세기 후반 할아버지 때 아일랜드에서 매사추세츠 주로 이민 온 가문의 자식으로 태어났다. 그는 어려서부터 매우 총명했고, 매사에 당당했다. 그의 그런 성격은 대학에 가서도 그대로 이어졌다. 그는 어떤 주제에 대해 토론하기를 좋아했고, 자신의 의견을 증명하기 위해 열정적으로 자신의 주장을 관철시키는 집념을 보여 주변 사람들에게 강한 인상을 심어주었다.

케네디는 제2차 세계대전 중인 1942년 해군으로 참전하지만 부상을 당했다. 제대 후 INS 통신원으로 UN 창설의 샌프란시스코 회의, 영국 총선거, 포츠담 회의를 취재하는 등 활발하게 활동했다. 그는 정치에 관심을 갖고 1947년 매사추세츠 주 하원의원이 되었고, 1953년에 상원의원에 당선되어서는 자신이 공약으로 내세운 일들을 최선을 다해 처리하여 국민들의 많은 인기를 얻었다. 그는 넘치는 열정과 번뜩이는 지성으로 민주당 대통령 후보로 선거에 나서 44살의 젊은 나이로 대통령에 당선되었다.

케네디는 '뉴 프런티어'정책을 내세워 미국이 냉전의 해소에 적극 참여하여 세계 평화의 주축이 되었으며, 1962년 카리브 해 해상봉쇄에 의한 쿠바 내 소련기지의 강제철거를 실행했고, 소련과 부분적인 핵실험 금지 조약을 맺고 미소의 해빙기를 이루어냈다. 케네디는 정치인들과 국민들을 설득하는 탁월한 명연설가였으며 국민과 정치인들의 마음을 읽어내는 지혜로운 사람이었다.

14 엔리코 카루소

엔리코 카루소(1873~1921)
이탈리아 전설적인 테너 가수.

엔리코 카루소는 1873년 이탈리아 나폴리의 가난한 집안에서 태어났다. 친구들은 모두 학교에 가서 공부를 하는 동안 카루소는 집안일을 거들어야 했다. 그의 마음속에는 배움에 대한 열망으로 가득 차 있었는데 그것은 노래를 하는 것이었다. 그는 공장에 취직하여 열심히 돈을 모았다. 하루하루가 힘들고 고달팠지만, 그 정도의 고생은 얼마든지 참아낼 수 있었다.

그러던 어느 날 카루소는 자신의 꿈을 키워 줄 선생을 찾아갔다. 하지만 선생에게서 그런 목소리로는 좋은 가수가 될 수 없다는 혹평을 듣고 크게 실망하였다. 하지만 그는 어머니의 격려에 힘입어 일을 하는 틈틈이 노래 연습에 몰두했다. 카루소는 1894년에 그토록 꿈에 그리던 첫 무대를 열었다. 그의 노래를 들은 사람들은 천상의 목소리를 듣는 것 같다고 열광하였다. 그는 연주회를 하며 성악가로서의 입지를 탄탄히 굳혀나간 끝에 열정적인 테너 가수로 화려한 변신에 성공했다.

1902년 몬테카를로의 오페라극장과 런던의 코벤트 가든 왕립오페라극장에 출연하여 성황리에 연주를 마치고, 이듬해에는 뉴욕의 메트로폴리탄 오페라극장에도 출연하여 극찬을 받았다. 그후 카루소는 테너 가수로서 최고의 영예를 누리며, 메트로폴리탄 오페라극장에서만 무려 607회나 출연하며 벨칸토 창법의 모범으로 인정받는 테너 가운데 테너가 되었다.

15 알프레드 노벨

알프레드 베르나르드
노벨(1833~1896)
스웨덴 발명가. 노벨상 제정자.

노벨은 1833년 스웨덴의 스톡홀름에서 태어났다. 그의 아버지 이마누엘 노벨은 발명가이자 공학자였다. 노벨은 지적호기심이 많아 매사에 관심을 보였는데, 특히 폭탄에 관심이 많아 공학자인 아버지에게서 공학기초를 배웠다. 총명한 노벨은 16살 때, 이미 화학에 대한 폭넓은 지식을 습득하였다. 그뿐 아니라 그는 영어, 프랑스어, 독일어, 러시아어에도 능통했다.

노벨은 좀 더 폭넓은 지식을 배우기 위해 1850년 프랑스 파리로 유학을 떠났다. 파리에서 1년 동안 화학을 공부한 그는 더 많은 지식을 탐구하기 위해 미국으로 갔다. 그는 장갑함 모니터호를 만든 발명가 존 에릭슨 밑에서 4년 동안 일을 하며 자신이 알고 싶었던 많은 것을 배웠다. 배움의 뜻을 이룬 그는 러시아 상트페테르부르크로 돌아왔다. 노벨은 군수물품을 만드는 아버지 공장에서 일을 시작했다. 하지만 아버지 회사에서 일한 지 3년만에 그의 아버지 회사는 파산을 하고 말았다.

이후 노벨은 부모님과 함께 스웨덴에 오자마자 밤낮을 가리지 않고, 폭탄을 제조하기 위한 연구에 몰두한 끝에 드디어 니트로글리세린의 취약점인 이상폭발을 막는 장치인 뇌관을 발명하였다. 그는 발명가로서의 명성을 얻으며 자신의 입지를 굳건히 했다. 그리고 인류의 미래를 위해, 평생 모은 돈을 아낌없이 내놓았다. 그의 유언대로 노벨재단이 설립되고 인류 발전에 이바지한 이들에게 1901년부터 물리학, 화학, 문학, 평화, 경제학, 생리학의학 등 6개 부분에 걸쳐 매년 노벨상을 시상하고 있다. 노벨은 지금도 살아서 온 세계에 빛과 희망이 되고 있다.

16 벤저민 프랭클린

벤저민 프랭클린(1706~1790)
미국 정치가. 과학자. 문필가.
미국 독립기초위원

1706년 보스턴에서 태어난 프랭클린은 어린 시절 아버지가 경영하는 회사에서 양초와 비누 제조를 돕다가, 형이 운영하는 인쇄소에서 견습공으로 일했다. 인쇄공으로 일하던 그는 영국으로 가 2년 동안 머물다 귀국하였는데, 그곳에서의 경험은 그에게 새로운 꿈과 열정을 심어주었다.

1729년 프랭클린은 《펜실베이니아 가제트》를 인수하여 유명한 신문으로 발전시켰다. 그리고 교육에도 관심이 많아 펜실베이니아대학교의 전신이었던 필라델피아 아카데미를 창설하고, 도서관을 설립하였으며 미국철학협회를 창립하는 등 폭넓은 교육문화 활동에도 전념하였다. 또한 프랭클린은 지진의 원인을 연구하여 발표했고, 고성능의 '프랭클린난로'를 발명하였으며, 획기적인 피뢰침을 발명하였다. 또 연을 이용한 실험을 통해 번개와 전기의 방전은 동일한 것이라는 가설을 증명하고, 전기유기체설을 제창하였다. 그는 1753년 영국 로열소사이어티 회원에 선정되어 코플리상을 받았다.

프랭클린은 체신장관 대리가 되어 우편제도를 새롭게 개선하였고, 올리버 회의에 펜실베이니아 대표로 참석하여 최초의 식민지연합안을 제안하였다. 그는 영국에 파견되어 식민지에 자주과세권을 획득하고 귀국했는가 하면, 다시 영국으로 가 인지조례의 철폐를 성공시켰다.

1775년 영국에서 귀국한 그는 제2회 '대륙대회'의 펜실베이니아 대표로 뽑혔고, 1776년에는 독립기초위원에 임명되었다. 그해 프랑스로 건너가 아메리카와 프랑스 동맹을 성립시켰고, 프랑스 재정원조를 얻는 데 성공했으며, 1783년 파리조약에 미국 대표의 일원이 되었다.

17 오프라 윈프리

오프라 윈프리(1954~)
미국 방송인, 미국 케네디센터
평생공로상(2010)

오프라 윈프리는 1954년 미국 미시시피 주에서 사생아로 태어났다. 미혼 부모 사이에서 태어난 그녀는 지독한 가난과 조부모 밑에서 힘겨운 시절을 보냈다. 이처럼 그녀의 성장기는 시련으로 가득했다. 하지만 그녀는 모든 일들을 긍정적으로 받아들이며 자신을 훈련하는 시간으로 삼았다.

그러던 어느 날 그녀에게 지역 라디오방송국에서 일할 기회가 주어졌다. 그녀의 재치 있는 말솜씨는 시청자들에게 좋은 인상을 주었고, 이 일을 계기로 낮 시간에 진행하는 토크쇼까지 맡게 되었다. 그녀는 즐거운 마음으로 열심히 일했다. 그러자 새로운 기회가 찾아왔다.

1983년 오프라 윈프리는 시카고에서 30분짜리 아침 토크쇼를 진행하게 된 것이다. 그녀가 자신의 역량을 마음껏 발휘하자 놀라운 일이 벌어졌다. 그녀의 토크쇼가 단번에 시청자들의 주목을 받았다. 기존의 토크쇼와는 다른 그녀만의 진행방식과 화법이 대중의 이목을 사로잡은 것이다. 마침내 그녀는 누구나 인정하는 최고의 진행자가 되었다.

오프라 윈프리는 1998년 실시한 미국에서 가장 영향력 있는 여성 가운데 힐러리 클린턴에 이어 2위에 뽑혔다. 그리고《포브스》가 연예인과 스포츠 스타, 작가, 영화감독 등 소득과 명성을 기초로 선정한 2007년, 2008년 '세계의 가장 영향력 있는 유명인사 100인'에 연이어 1위를 차지하였다. 그녀가 진행한 '오프라 윈프리 쇼'는 2002년까지 30회의 에이미 상을 수상하는 영예를 안았다. 또한 그녀는 영화 〈컬러 퍼플〉에 출연하여 골든 글러브상을 수상하고, 아카데미 여우조연상을 수상하는 등 성공한 여성의 대명사로 평가받고 있다.

18 플로렌스 나이팅게일

플로렌스
나이팅게일(1820~1910)
런던 숙녀병원 간호부 부장,
이스탄불 위스퀴다르 야전병원
원장

나이팅게일은 1820년 영국의 부유한 가정에서 태어났다. 그녀는 프랑스어, 라틴어, 지리학 등 다양한 분야를 배우며 꿈을 키워나갔다. 그녀가 간호학에 관심을 갖게 된 계기는 열악한 간호환경을 목격하고 나서였다.

그녀의 부모는 안정적인 직업을 갖기 바랐지만 그녀는 사람의 생명을 중요히 여겨 간호학에 관심을 갖고 공부하였다.

공부를 마친 그녀는 런던 여성병원의 간호부장으로 일하다, 전쟁이 나자 전쟁터를 누비며 부상병들을 정성껏 간호하였다. 크림전쟁 당시 스쿠타리의 야전병원에서 죽음을 무릅쓴 헌신적인 간호로 '백의의 천사'라는 별칭을 얻은 나이팅게일은 전쟁이 끝난 후에도 간호사 일을 계속하였다.

그러던 중 그녀는 잘못된 간호행정체계와 간호학에 관심을 기울여 간호학에 대한 책을 쓰고, 관리들을 설득하여 병원을 체계화함으로써 환자의 사망률은 42%에서 2%로 떨어지는 성과를 거두었다.

1860년에는 나이팅게일의 업적을 기념하기 위해 영국 국민들이 기부한 4만 5천 파운드로 토머스 병원에 세계 최초로 나이팅게일 간호학교를 설립하여 간호사를 양성하였다. 간호사를 전문직업으로 인식시키는 데 성공한 것이다. 그후 그녀는 간호시설을 확충하는 데 힘써 많은 결실을 맺었다.

1907년 나이팅게일은 업적을 인정받아 여성으로는 최초로 에드워드 7세에게서 공로훈장을 수훈하였다. 세계적십자는 나이팅게일상을 만들어 그녀의 업적을 길이 전하고 있다. 오늘날 간호학이 발달하고 간호사라는 직업이 인정받는 것은 나이팅게일의 헌신 덕분이다. 그녀는 타고 난 박애주의자였다.

19 스티븐 호킹

스티븐 W. 호킹(1942~2018)
영국의 우주 물리학자

스티븐 호킹은 1942년 영국 옥스퍼드에서 태어났다. 그는 어린 시절부터 의지가 굳고 신념이 강했다. 1962년 옥스퍼드대학을 졸업한 그는 케임브리지 대학원에 입학해 물리학을 전공하고, 박사학위 과정을 밟고 있던 1963년 몸속 운동신경이 차례로 파괴되어 전신이 뒤틀리는 근위축성 경화증 루게릭병에 걸려 잘 해야 1년에서 2년밖에 살지 못한다는 시한부인생을 선고 받았다.

날이 갈수록 굳어지는 그의 몸은 힘들게 그를 괴롭혔지만 그는 놀라운 집중력으로 우주물리학 공부에 전념하여 '블랙홀은 검은 것이 아니라 빛보다 빠른 속도의 입자를 방출하여 뜨거운 물체처럼 빛을 발한다.'는 학설을 내놓았다. 블랙홀은 강한 중력을 지녀 주위의 모든 물체를 삼켜 버린다는 종래의 학설을 뒤집어 버린 것이다. 그는 이런 업적으로 1974년 '영국왕립학회' 회원이 되었고, 1980년엔 뉴턴, 디랙에 이어 케임브리지대학 제3대 루카시언 석좌교수가 되었다.

스티븐 호킹은 2004년 더블린에서 열린 학회에서 블랙홀이 사라져도 정보는 남아 있다며 자신의 이론을 스스로 철회했다. 이런 그의 결단은 과학자로서 대단한 용기이며 학자의 표본이라고 할 수 있다.

그렇다면 30년 동안이나 그가 잘못 알고 있었던 건 아닌가라는 의구심에 빠지지만 스티븐 호킹은 '홀로그램이론'을 받아들이지 않고 블랙홀과 정보상실의 역설을 스스로 해결했다. 그것은 무수히 많은 우주가 평행으로 결합하면 블랙홀에서 사라진 정보를 블랙홀이 없는 우주에서 회수할 수 있다는 학설이다. 그는 불굴의 의지로 죽음을 극복하고 새로

운 인생에 금자탑을 쌓아올리고 우주물리학 세계 최고의 과학자가 되
었다.

20 헨리 키신저

헨리 키신저(1923~)
미국의 정치학자, 정치가, 핵전략
전문가. 노벨평화상 수상.
대표 저서 : 《미국의 외교정책》
《백악관 시절》

키신저는 1923년 독일 퓌르트에서 태어났다. 그의 가족은 유대인으로 나치의 유대인 박해를 피해 1938년 미국에 귀화하여 미국국적을 취득하였다. 그는 뉴욕시티대학을 졸업하고 제2차 세계대전에 참전하였다. 그후 독일 주둔 미군군정청에서 근무하다, 미국으로 돌아 온 그는 하버드대학교에서 정치학 박사학위를 받았다. 그리고 1962년 정치학 교수가 되었다.

키신저는 1956년부터 1960년까지 참모본부병기 체제평가 고문에 임명되었고, 1957년 하버드대학 국제문제센터부소장에 취임하였으며 《핵무기와 외교정책》을 출간하여 대량보복전략을 비판하여 많은 관심을 집중시켰다. 그후 '한정전쟁론'을 주창하였고, 1958년 하버드대학 방위연구계획주임에 임명되었다. 그리고 1969년 닉슨 대통령에게 발탁되어 안보담당 특별보좌관에 임명되었다.

그는 미국과 소련 사이의 긴장완화정책을 추진했으며, 1969년 '전략무기제한협정 SAIT'을 이뤄냈다. 그리고 1971년 인도와 파키스탄 전쟁 때 친파키스탄 정책을 펼쳤으며, 1972년 미국과 중국과의 관계개선을 위해 활발한 외교정책을 펼쳤는데, 이는 중국공산당 정권과의 최초의 공식 접촉이었다. 그는 1973년 베트남 전쟁을 종식시키며, 국무장관으로 발탁되었으며 세계 평화에 기여한 공로로 노벨평화상을 수상하였다.

키신저는 세계 여러 분쟁지역을 다니며 활발한 활동을 펼쳐 외교의 달인이란 별칭을 얻었다. 그가 탁월한 외교행정가로서의 역할을 톡톡히 해내며 크게 성공할 수 있었던 것은, 극한 상황에서도 두려워 하지 않는 뛰어난 소통능력을 지닌 인간관계의 귀재였기 때문이다.

않는 뛰어난 소통능력을 지닌 인간관계의 귀재였기 때문이다.

21 벤저민 디즈레일리

벤저민 디즈레일리(1804~1881)
영국 정치가, 문인. 대표 저서 :
《비엔 그레이》《젊은 군주》

벤저민 디즈레일리는 17살 때 변호사사무소에 들어갔으나 1832년 정치에 뜻을 두고 급진당의 후보로 보궐선거에 나가 낙선하였다. 이어 토리당원으로서 입후보하였으나 역시 낙선하였다. 그후 4차례나 더 낙선하였다.

하지만 그는 좌절하지 않고 1837년 토리당원으로 입후보하여 하원의원에 당선하였다. 1941년에는 토리당 내에서 '청년영국'을 조직하였다. 1845년에는 토리 민주주의를 논하고 1846년 산업자본가의 보수주의를 대표하는 필과 그의 곡물법 폐지에 반대 보호무역주의의 지도자가 되었다.

그리고 필 내각을 실각케 하고 보수당을 신시대에 적응케 하여 제1차, 제2차 다비 내각의 재무상을 지내고 이후 두 차례 더 다비 내각의 재무상을 지냈다. 1868년 다비의 은퇴로 수상이 되었으나 같은 해 개정 후 최초의 총선거에서 패배하여 퇴진하였다가, 1874년 선거에서 대승하여 제2차 내각을 조직한 후 수에즈 운하를 400만 파운드에 매수하여 동방 항로를 확보하였다.

대표적인 공적은 가난한 노동자들의 주거개선법을 시행해 빈민가를 새롭게 단장하며 서민들이 쾌적한 환경에 주거하도록 하고, 복잡했던 공중보건법을 크게 개선했으며, 노동착취를 방지하는 공장법과 노동자 단체의 지위를 인정하는 두 개의 노동조합법을 제정하였다.

대외적인 업적으로는 러시아가 투르크에 강요한 산스테파노 조약은 1878년 베를린에서 열린 유럽의회에 상정되었는데, 디즈레일리는 러시아에게서 원하는 것을 모두 받아내 영국의 자긍심을 드높이고 자신의

정치적 위상을 크게 끌어올렸다. 디즈레일리는 빅토리아 여왕의 총애
와 신임은 물론 국민들에게 영국을 해가지지 않는 나라로 만든 위대한
정치가로 평가받았다.

정치적 위상을 크게 끌어올렸다. 디즈레일리는 빅토리아 여왕의 총애
와 신임은 물론 국민들에게 영국을 해가지지 않는 나라로 만든 위대한
정치가로 평가받았다.

22 조지 마셜

조지 마셜(1880~1959)
미국 국무장관. 노벨평화상 수상.

미국의 군인, 정치가로 유럽 부흥계획으로 불리는 마셜 플랜을 완성한 조지 마셜은 제2차 세계대전 이후 초토화된 유럽을 재건하고 경제부흥을 위해 노력하여 혁혁한 공을 세웠다.

그는 17살 때 군에 입대해 필리핀에서 일어난 스페인과 미국 사이에 벌어진 전쟁에 참가하여 공을 세웠으며, 제1차 세계대전 때는 프랑스에서 미군의 군사작전을 지휘하며 능력을 인정받아 1936년에 준장이 되었다. 1939년에는 미육군참모총장이 되었다.

조지 마셜은 제2차 세계대전이 일어나자 총지휘관으로서 발군의 능력을 발휘하였다. 특히 그는 군 인사에 있어 탁월한 능력을 발휘하였다. 그의 이런 능력을 눈여겨본 트루먼 대통령은 그를 중국 대사로 임명해 중국의 마오쩌뚱과 대만의 장제스와의 악화된 관계를 복원하는 데 적극 개입하게 하여 큰 성과를 거두었다. 조지 마셜은 미국무장관으로 임명되어 제2차 세계대전으로 인해 황폐화된 서유럽 재건과 경제부흥을 위한 조지 마셜 플랜을 세워 큰 공을 세웠다. 이러한 공을 인정받아 노벨평화상을 수상하였다.

조지 마셜이 성공한 인생이 될 수 있었던 데에는 그만의 비결이 있다. 첫째, 성실함이다. 그는 성실성의 대명사로 불릴 만큼 자신이 맡은 일에 대해 최선을 다했다. 둘째, 뛰어난 인사정책이다. 그는 사람을 보는 눈이 뛰어났다. 셋째, 치열한 열정이다. 그는 매사를 치열하게 실행함으로써 하는 일마다 성공할 수 있었다. 넷째, 자신을 과신하지 않는 신중함에 있다. 조지 마셜은 뛰어난 능력과 지혜로 품격 있는 성공한 인생이 되었다.

23 오드리 헵번

오드리 헵번(1929~1993)
벨기에 출생. 영화배우.

세기의 연인으로 사랑받은 오드리 헵번. 그녀는 1929년 벨기에 브뤼셀에서 태어났다. 그녀의 아버지는 영국 귀족 출신의 은행가이며 그녀의 어머니는 네덜란드 출신의 남작부인으로 유복하게 자랐다. 오드리 헵번은 영국 런던의 발레학교에서 공부를 하고 모델이 되었다. 그러던 어느 날 영화제작자의 요청으로 1948년 영화 〈7교시〉로 배우로 데뷔하였다.

그녀는 〈티파니에서 아침을〉을 통해 유명해졌으며, 〈로마의 휴일〉에서의 열연으로 아카데미 여우주연상을 수상함으로써 세계적인 스타가 되었다. 이 외에도 골든 그로브상, 에미상, 그래미상을 수상하였다. 오드리 헵번은 1999년 미국영화연구소가 선정한 '지난 100년 동안 가장 위대한 인물 100명의 스타' 여성 배우 목록에서 3위에 오르기도 했다.

오드리 헵번의 삶이 아름답고 고귀한 것은 그녀가 영화배우로서 이룬 업적이 아니다. 그녀가 영화배우의 직을 내려놓고 나서 행한 행보에 있다. 그녀는 유니세프 홍보대사1988~1993 로 활동하며 아프리카, 아시아, 남미 등지에서 헌신적으로 봉사하며 자신의 후반부 인생을 보냈다. 더구나 암에 걸린 상황에서도 그녀는 헌신을 멈추지 않았고 자신의 목숨이 다할 때까지 자신의 인생에 헌신하였다.

오드리 헵번이 많은 사람들에게 기억되고 존경받는 것은 세계 영화사에 두고두고 남을 명배우로서 이기도 하지만, 사랑과 헌신으로 봉사활동에 그녀의 마지막 인생을 아낌 없이 바쳤기 때문이다.

24

마더 테레사

마더 테레사(1910~1997)
오스만투르크 제국 출생.
노벨평화상(1971년) 수상.

사랑의 성녀로 추앙받는 마더 테레사는 1910년 오스만투르크 제국 치하의 위스퀴프지금의 북마케도니아 스코페에서 태어났다. 그녀는 18살 때인 1928년 아일랜드 더블린으로 가 '성모수녀회'에 들어간 후 인도로 갔다.

인도에 도착한 그녀는 '로게토 성모수녀회'의 수녀로서 종신서원을 했다. 이때부터 테레사라고 이름을 쓰기 시작했으며, 수녀회에서 운영하는 성 마리아학교에서 역사와 지리를 가르쳤다.

인도 시민권을 취득한 테레사는 1946년 수녀원을 나와 간호학을 공부하고 콜카타의 빈민촌에서 봉사활동을 시작했다. 그리고 1948년 '사랑의 선교회'를 창립하고 2년이 지난 후 교황 피우스 12세에게서 교회법에 따른 인가를 받았고, 1965년에는 바티칸만이 책임을 물을 수 있는 교황청 직속 수도회로 격상되었다. 테레사는 보수적인 로마 가톨릭 지도자들의 반감을 사면서도 수녀원 밖에서의 활동을 멈추지 않았다. 그녀가 가톨릭 지도자들의 반감을 산 이유는 수녀는 수녀원에서 지내야 한다는 생각에 의해서였다.

테레사는 고아를 비롯해 노인들을 돌보고, 나환자들을 치료하고 돌보는 일에 전력을 다했다. 그녀는 동남아시아, 유럽, 아프리카, 오스트레일리아를 비롯해 라틴아메리카, 중국 등에 사랑의 선교회를 세웠다. 그리고 1971년에는 미국 뉴욕시티에도 사랑의 선교회를 세웠다.

1971년 테레사는 제1회 교황 요한네스 23세 평화상과 노벨평화상을 수상하였다. 이후 그녀는 더욱 활발하게 봉사활동을 펼쳐나감으로써 사랑을 실천하였다. 150Cm의 작은 체구로 어려운 일들을 평생 헌신적으로 해온 테레사 수녀는 '참사랑의 본질'이 무엇인지를 잘 보여준 위대한 사랑의 성녀이다.

25

허레이쇼 넬슨

넬슨(1758~1805)
영국 제독. 세계 해전사의
영웅으로 추앙받음

영국의 영원한 명장 넬슨 제독은 17 58년 영국의 노포크의 버넘에서 태어 났다. 그가 9살 때 어머니가 세상을 떠 났다. 넬슨은 12살 때 해군 대령이었던 외삼촌이 선장으로 있는 배에 선원으로 들어가 키잡이로 일했다.

그의 외삼촌은 지속적으로 넬슨을 돌봐주었고, 그가 자라서 해군에 입대 하는 데 많은 도움이 되어주었다. 그후 그는 해군사관생도가 되어 본격적으로 장교교육을 받았다. 그는 18살 때 대위 시험에 합격하여 서인도제도 전투에 나서 능력을 발휘하여 총사령관 파커는 그를 함선 배저 호의 함장으로 임명하였다. 그는 20살에 함장이 되었지만 산후안 전투에서 이기고도 말라리아에 걸려 영국군이 거의 전멸을 하는 시련을 겪기도 했다.

영국으로 돌아 온 그는 요양 후 앨버말 호 함장으로 발령을 받고 미국독립전쟁이 끝날 때까지 전투에 나가 많은 전리품을 획득하였다. 1793년 프랑스가 전쟁을 선포하자 넬슨은 전투에 참가하여 프랑스군을 격파하고 승리하였지만 시력을 상실하고 말았다. 1796년 넬슨은 지중해에서의 전투를 거쳐, 상비센터 곶 전투에서 스페인 함대를 물리치고 소장으로 승진하였으며 백작작위를 받았다.

그후 넬슨은 전투에서 한쪽 팔을 잃었지만 나일해전 등 하는 전쟁마다 승리로 이끌었으며 트라팔가르 해전에서 나폴레옹 군대를 격파하여 이름을 크게 떨쳤다. 그러나 넬슨은 적의 총탄에 숨을 거두고 말았다. 국왕 조지 3세는 "우리는 얻은 것보다 더 많은 것을 잃었다."며 그의 죽음을 애도했으며 영국 국민들 또한 크게 슬퍼하였다.

26 마르쿠스 아우렐리우스

마르쿠스 아우렐리우스
(121~180)
로마 황제. 대표 저서 : 《명상록》

로마 황제이며 사상가인 마르쿠스 아우렐리우스는 121년 로마에서 태어났다. 그는 안토니누스 피우스 황제의 양자가 되어 17살 때 콤모두스의 아들과 공동 황제로 즉위하기로 되어 있었으나 40살이 되어서야 황제에 즉위했다.

황제가 되기 전 그는 에픽테토스의 《담론》을 탐독하는 등 철학에 깊이 매료되었다. 한편 그는 안토니누스의 곁에서 통치술을 배웠다. 황제에 오른 마르쿠스 아우렐리우스는 국가의 기강을 바로 세우고 많은 법률을 만들었으며 그리스도교를 비롯한 그 어떤 조직도 박해하지 않았다.

그러나 그는 황제로서 수많은 시련과 고난을 겪었다. 동쪽으로는 파르티아 제국이, 북쪽에서는 게르만족이 수시로 침략해 왔다. 그는 침략들로부터 로마를 지켜내기 위해 로마의 황제 가운데 가장 많은 시간을 전쟁터에서 보냈다. 그런 가운데서도 그는 책을 손에서 놓지 않고 자신의 사상을 정립했다. 로마 시민들은 국가와 자신들을 위해 최선을 다하는 그를 마음 속 깊이 존경하였으며, 그는 황제이자 사상가로서의 본분을 착실히 실행한 위대한 실천가였다.

"우리의 인생은 우리의 생각에 의해 만들어진다."

그의 말처럼 자신의 인생은 자신이 어떻게 생각하고 행동하느냐에 따라 결정되어지는 것이다. 마르쿠스 아우렐리우스는 통치를 하면서 그 때마다 떠오른 생각을 썼는데, 그것이 바로《명상록》이다. 이 책은 오늘날 까지도 널리 읽히며 황제로서 사상가로서의 그의 진면목이 잘 드러나 있다.

27 마르틴 루터

마르틴 루터(1483~1546)
독일 종교개혁가이자 성서학자

독일의 가톨릭 수사이자 신학교수이며 종교개혁가인 마르틴 루터는 1483년 광산업을 하는 아버지 한스 루터와 어머니 마가레테 린데만 사이에서 태어났다. 그의 아버지는 교회의 부패를 비판하는 양심적인 신앙인이었다. 루터는 아버지의 신심을 본받고 자랐다. 그의 아버지는 루터가 법률가가 되기를 바랐다. 루터는 에르푸르트대학을 마치고 문학 석사학위를 받았다. 그리고 아버지의 뜻에 따라 법률공부를 시작하였다.

그러던 어느 날 에르푸르트로 가는 길에 벼락이 떨어졌지만 살아남으로써 그는 신부가 되겠다고 다짐했다. 그후 아버지의 반대에도 수사신부가 되고, 신학교수가 되었다. 그런데 그의 인생에 변화가 일어나는 일이 발생하였다. 중세사회의 봉건제도와 길드, 장원경제가 무너지면서 자본주의로 급격히 변화하자 교회 또한 급변화하기 시작했다.

그런 과정에서 성직을 판매하고 면죄부를 판매하는 등의 부패가 만연하자 루터는 95개조의 반박문을 작성하여 1517년 비텐베르크대학교 회문 앞에 붙여 교황청을 비판하였다. 그 일로 인해 교황청은 물론 신성로마제국의 카를 5세 황제에게서 비판을 철회하라는 요구를 받았으나 거절하였다. 결국 그는 파문을 당했다. 그는 사형의 위기에 처했으나 독일의 왕자와 지지자들로 인해 사면을 받고, 은거하면서 라틴어로 된 신약성경을 독일어로 번역하였다.

루터는 부패한 교회를 새롭게 변화시키기 위해 날마다 자신을 새롭게 하는 데 힘썼다. 그리고 그는 자신의 뜻을 따르는 사람들을 중심으로 루터파를 조직하여 새로운 교회제도를 수립하기 위해 노력하였으며, 오늘 날의 개신교가 탄생되는 데 빛과 소금이 되었다.

28 김구

김구(1876~1949)
임시정부 주석. 독립운동가

임시정부주석으로 평생을 독립운동에 헌신한 김구는 1876년 황해도 해주 백운방 텃골에서 태어났다. 그는 어린 시절 혼자서 한글을 깨치고 천자문을 깨칠 만큼 배움에 목말라 했다. 그는 평생 존경했던 스승 고능선을 만남으로써 인간의 도리와 삶의 가치에 대해 배웠다. 특히 인간관계에서 중요하게 생각했던 '의리'에 대해 배운 것은 그의 인생에서 절대적인 영향을 끼쳤다.

김구는 18살 때 동학東學에 입도하여 동학농민운동을 펼쳤으며, 19살에 접주가 되어 해주성 전투에 참여하는 등 언제나 의기로 충천했다. 또한 그는 21살 때 황해도 안악군 치하포에서 일본군 쓰치다 중위를 죽이고 인천 감옥에 수감되었으나 탈출하여 숨어 지내다 고향으로 돌아와 야학을 펼쳤다.

그러다 김구는 큰뜻을 품고 중국 상해로 갔다. 그는 임시정부 문지기라도 하게 해달라고 내무총장이었던 안창호에게 청했을 때, 안창호는 김구를 경무국장에 임명하였다. 김구는 자신이 맡은 일을 엄정하게 처리하는 등 한 치의 소홀함이 없었다. 김구는 윤봉길의 청을 받아들여 그로 하여금 상하이 홍구공원에서 폭탄을 던져 일본군 요인들을 저격하였다.

이 사건으로 대한민국의 독립운동이 세계적으로 알려지게 되었으며, 미국을 비롯한 서방 국가의 관심을 이끌어내었다. 또한 이봉창으로 하여금 일본 천황을 암살하게 했으나 실패로 끝났다. 하지만 이 사건 역시 대한민국의 독립의 의지를 확실하게 보여주었다.

　김구는 광복 후 한국으로 돌아와서도 남북연석회의에 참여하는 등 하나의 조국을 위해 동분서주하다 안두희의 총탄에 목숨을 잃고 말았다. 평생을 조국의 독립과 국가와 만족을 위해 투신한 김구는 애국하는 길이 무엇인지를 몸소 보여준 위대한 민족의 지도자이다.

29 이순신

이순신(1545~1598)
삼도수군통제사. 임진왜란을
승리로 이끈 명장.
대표 저서 : 《난중일기》

우리나라 역사상 가장 위대한 인물로 평가받는 충무공 이순신. 그의 할아버지인 백록이 조광조를 비롯한 소장파 사림들과 뜻을 같이 하여 벌인 일로 기묘사화 때 참화를 당하자, 그의 아버지는 관직에 뜻을 접고 평민으로 지냈다. 가난한 집안형편으로 어머니로부터 교육을 받았다. 어머니의 교육은 그의 정신적 토양이 되었으며 그가 위대한 장군이 되는 데 밑거름이 되었다.

이순신은 28살 되던 해 무과에 응시하였으나 달리는 말에서 떨어지는 바람에 실격하였다. 그후 4년이 지난 1576년 식년무과에 급제하였다. 이순신은 강직하고 정의로운 성품으로 인해 어려움을 많이 겪었다. 그는 언제나 한결같이 그 어떤 불의와도 타협하지 않았다. 그러다보니 상관의 미움을 사 한직으로 돌다 47살이 되어서야 전라좌도수군절도사가 되었다. 이순신은 왜군의 침공에 대비해 군사훈련을 실시했으며, 전선을 제조하고 거북선을 만드는 등 군비를 확충에 만반의 준비를 하였다.

임진왜란이 일어나자 그는 싸우는 전투마다 승리하였다. 그러나 원균 등의 모략으로 옥에 갇히고 말았다. 이순신이 없는 조선 수군은 왜군의 침공에 추풍낙엽이 되었다. 그러자 조정에서는 이순신에게 다시 지휘권을 주었다. 하지만 남은 군사는 120인에 배는 고작 12척이었다. 그는 이에 굴하지 않고 133척의 왜군과 싸워 왜군 배 31척을 격침시켰다. 이를 명량해전이라고 한다.

1598년 이순신은 왜군 500척 가운데 200여 척을 격파하고 대승을 거두었는데 이를 노량해전이라고 한다. 하지만 안타깝게도 전사를 하고 말았다. 모든 전투에서 전승을 거둔 것은 세계 해전사에서 유일하다. 이순신은 참된 장군의 표상이자 만고의 충신으로 추앙받고 있다.

30 안중근

안중근(1879~1910)
독립운동가, 대한의군 참모중장,
특파독립대장, 삼흥학교 설립,
건국훈장 대한민국장 수훈. 대표
저서 : 《동양평화론》《안중근
자서전》

"뜻을 세웠으면 사사로운 정은 잊어버려라."

이 말을 한 안중근은 1879년 황해도 해주에서 태어났다. 그의 아버지 안태훈은 수천석지기의 대지주로 일찍이 근대 문물을 받아들이는 등 개혁적인 성향의 인물이었다. 그는 수백 명의 사병을 양성하였으며 동학농민운동이 일어나자 반동학군 투쟁에 나섰다.

안중근은 이런 아버지의 영향을 받음은 물론 8살 때 할아버지에게서 유교경전을 익혔으며 한학과 조선 역사를 배움으로써 민족정신이 싹텄다. 또한 그는 말타기와 활쏘기를 배웠으며, 삼촌에게서 사격술을 익혔는데 명사수로 널리 이름을 떨쳤다.

안중근은 아버지의 뜻에 따라 천주교에 입교하였으며, 진남포에 삼흥학교외 돈의학교를 설립하고 본격적으로 계몽운동에 힘썼다. 그는 대한민국이 일본의 지배에 들자 연해주로 가서 동의회란 의병부대를 조직하였다. 그리고 일본군대와 독립투쟁을 벌이며 일본군대를 격파하여 이름을 떨쳤다. 그러나 의병부대가 알려져 크게 패했다.

안중근은 다시 조직을 재건하려 했으나 여의치 않아 좌절감에 빠져 있던 중 이토 히로부미가 만주로 온다는 소식에 민족의 원흉인 그를 사살하여 굳건한 독립의지를 보여줌으로써 일본압제에서 벗어나는 계기로 삼고자 했다. 치밀한 준비를 마친 안중근은 이토 히로부미가 모습을 드러내자 거침없이 저격하여 거사를 완성하였다. 현장에서 붙잡힌 그는 투옥되어 6회에 걸쳐 재판을 받으면서도 당당한 기개를 잃지 않고

의연하게 세상을 떠났다. 오직 조국의 독립을 위해 헌신한 그는 우리민
족의 영원한 영웅으로 추앙받고 있다.

CHAPTER
3

생각의 근육을 키우다
― 세계 철학사상 ―

01 자연주의 철학

갈릴레오 갈릴레이(1564~1642)
이탈리아 철학자이자 천문학자

자연주의는 예술과 철학에서 과학의 영향으로 나타나는 사상이다. 자연주의는 가설을 세워 그것을 예측하고 실험하고 그 과정을 통해 과학적 방법만이 진실을 규명하는 가장 효율적인 방식이라는 관점이다. 자연주의는 모든 현상이나 가설들이 같은 방법으로 연구됨은 물론, 초자연적인 것이나 그 어떤 것이든 간에 그것은 반드시 존재되어야 하고 자연적인 현상과 다르지 않다고 보는 것이다.

자연주의 철학에 접근하는 방식에 있어 과학을 지지하는 철학자들에게서 구분법은 과학을 지지하는 철학자들 사이에서 나타난다. 창조론과 진화론의 논쟁에 있어 진화론 맞서는 일부 사람들이 제안한 창조론은 과학적인 물질주의 또는 방법론적 물질주의로서의 방법론적인 자연주의와 연관되어지고 그것을 형이상학적 자연주의와 함께 융합시키기도 한다.

철학적 자연주의의 이론은 밀레투스 학파의 창시자이자 과학의 아버지로 불리는 탈레스가 처음으로 자연적인 현상을 초자연적인 원인을 들지 않고 설명했다는 데서 기인하는 바, 16세기와 17세기에 걸쳐 자연주의의 연구에 대한 열정은 다시 뜨겁게 타오르기 시작했다.

갈릴레오 갈릴레이는 자연이 자연에 가해진 법칙의 조항을 위반하지 않는다고 주장하였다. 아이작 뉴턴은 물리학에서 신에 대한 언급이 부족한 것에 대한 지적에 자신은 가설을 만들지 않는다고 단호히 말했다. 라플라스 역시 같은 물음에 대해 그런 따위의 가설이 필요하지 않다고 말했다.

　결론적으로 말해 자연주의 철학은 초월적이나 신적 존재를 인정하지 않고 정신적인 현상을 비롯한 세계의 모든 현상은 또 그 변화의 근본 원리는 자연, 곧 물질에 있다고 보는 것이다.

02 스토아 학파

아우렐리우스(121~180)
로마제국 16대 황제이자 철학자

스토아 학파는 그리스 로마 철학의 학파로 창시자 제논이 아테네의 한 스토아고대 그리스의 아고라 안에 있던, 기둥이 늘어선 복도에서 강의를 한 데서 연유되었는데, 이 말이 학파 전체를 나타내는 명칭으로 쓰이기 시작했다.

스토아 학파는 역사적으로 3기로 구분되는데 첫째, 초기 스토아 시기는 기원전 3세기로 제논, 클레안테스 등이 이 시기를 대표한다. 둘째, 중기 스토아 시기는 나이티오스, 포세이도니오스가 이 시기를 대표한다. 셋째, 후기 스토아는 기원후 1세기에서 2세기의 시기를 말하는데 세네카, 에픽테토스, 마르쿠스 아우렐리우스가 이 시기를 대표하는 철학자이다.

스토아 철학은 하나의 핵을 중심으로 형성되고 계승되어 고정된 사상체계가 아니었다. 사람에 따라, 시대에 따라 각기 달랐으며 그런 만큼 다양성을 가졌다. 스토아 학파 사람들은 학문을 우주의 구성과 생성을 주된 대상으로 하는 자연학과 논리학, 윤리학의 세 가지로 분류하였다. 그런데 이 세 가지는 각각 독립되어지지 않고 논리학을 매개로 하여 상호 관련되어 자연학에서 윤리학에 이르는 독특한 세계관을 형성하고 있다. 그런데 초기 스토아 시기에서 후기로 넘어감에 따라 윤리학에 관심이 집중되었다.

스토아 철학에 있어 윤리학은 키니코스 학파의 계보를 따르고, 자연학에서는 헤라클레이토스의 영향을 받았다. 스토아 학파 사람들은 세속적인 것을 거부하고, 금욕과 극기의 태도를 갖고자 하였으며, 실천적 경향과 유물론적 일원론은 각각 키니코스 학파와 헤라클레이토스의 영향을 받은 것으로 볼 수 있다.

스토아 철학은 고대 말기에서 현대에 이르기까지 철학, 종교, 문학 분야에서 커다란 영향을 끼쳤다. 플라톤은 신플라톤주의 기초를 확립하였고, 알렉산드리아의 클레멘스는 그리스도교를 신학으로 체계화하였고, 후기 스토아의 윤리사상은 몽테뉴 등 사상가에게 큰 영향을 주었다.

03 스콜라 철학

아리스토텔레스 (BC 384~BC322) 고대 그리스 철학자

스콜라 철학은 중세 때 그리스도교 중심철학으로 교부철학의 근원이 되었다. 스콜라는 9세기에서 15세기에 걸쳐 유럽의 정신세계를 지배한 신학에 바탕을 둔 철학적 사상을 이르는 말이다. 그런 까닭에 철학사에 있어서 이 시기의 철학을 스콜라주의라고 부른다.

스콜라 철학은 그리스도교의 신학에 바탕을 두는 관계로 일반철학이 추구하는 진리탐구와 인식의 문제를 신앙과 결부시켜 생각하였으며, 인간이 지닌 이성 역시 신의 계시 혹은 전능 아래에서 생각하였다. 그로인해 스콜라 철학자들은 신의 존재의 문제를 기독교의 신앙에 따라 해결하려고 노력했으며, 아리스토텔레스의 전통 아래 광범위하게 논리학을 발전시킨 것으로 평가받고 있다.

스콜라 철학이 성행할 때 유럽은 프랑크 왕국이 발전하였으며 카를 대제에 의해 시작되어진 학예의 전개는 중세 유럽에 최초의 문화를 개화시킨 것으로 카를링거 르네상스라고 한다. 카를 대제는 성직자들의 교양을 높여서 바른 기독교 신앙을 전파시키려는 것이었으며 이를 위해 라틴어 습득을 요구하였다. 카를 대제는 이 운동을 이끄는 지도자로 토마스 아르퀴나스를 임명하였다.

최초의 스콜라 철학자로 일컫는 안셀무스는 신의 존재를 성서의 권위에 의하지 않고 이성에만 의거해서 논증하고자 하여 역사적으로 유명한 신의 본체론적 증명을 내세웠다. 안셀무스의 선구자적인 활동으로 스콜라 철학은 12세기의 논리만능, 인문주의, 신비주의의 물결을 따라 촉진되어, 13세기에 이르러 절정을 이뤘다.

프란체스코회 학파는 아리스토텔레스 철학과 유대 철학의 이론을
받아들였으나, 종자적 원리나 조명설은 아우구스티누스의 전통을 지
켰다. 토머스 아퀴나스는 아리스토텔레스 철학을 받아들여 스콜라 철
학을 완성하였다. 중세 말에 쇠퇴했던 스콜라 철학은 16세기에 이르러
부흥되었으며, 스콜라 철학의 전통은 지켜져 근대에 계승되었다.

04 그리스도 사상

예수 그리스도(BC4~AD30)
하나님의 독생자. 메시아.

예수는 인간에게 가장 가치 있는 것을 '사랑'이라고 가르쳤다. 당시 이스라엘은 로마의 지배를 받고 있었으며 대제사장, 장로, 서기관, 바리새인사두개인이 지배층을 이루고 있었다. 이들 중 사두개파를 제외한 이들은 철저한 율법주의자들로 율법을 지키고 그것을 행하는 것을 최고의 가치이자 미덕으로 알았다.

그런데 율법을 따르다보니 인간에게 가장 중요한 '사랑'과 '용서', '화해'와 '배려'에 대한 관점에 있어서는 이를 매우 등한시했다. 오직 율법에 의해 그 사람의 가치를 판단하고 율법으로 개인적인 삶을 통제하였다. 그래서 율법을 어긴 자는 율법에 의해 가차 없이 심판하였다.

이와는 달리 예수는 하나님의 사랑과 복음을 전파하며 인간의 가치와 인격을 매우 중요하게 여겼다. 이는 유대주의 중심국가인 이스라엘의 사회에서는 반하는 행동이었다. 하지만 동시에 예수께서 이 땅에 오신 이유이기도 하다. 그것은 곧 예수는 하나님을 형식적으로 믿는 유대인들에게 진실한 것이 무엇인지를 전함은 물론 가난하고, 힘없고, 병들고, 소외받는 자들에게 하나님의 사랑을 전하고, 구원에 이르는 길을 가르치고, 인간이 오만과 무지를 깨우쳐 정직하고 옳게 살아가는 삶을 전하기 위해서이다.

예수께서 행하는 말과 행동은 율법주의를 기반으로 하는 이스라엘 사회에서는 일대의 '개혁'이며 '혁신'이었다. 예수는 "나는 길이요 진리요 생명이니 나로 말미암지 않고는 주 너희 아버지나라에 가지 못한다." 고 말하며 자신의 정당성을 일깨웠다. 진보적 개혁주의자인 예수는 인

간을 죄에서 구원하고 하나님의 자녀가 되도록 돕는 사랑과 구원의 메
신저로서의 삶을 완성시켰다.

05 헬레니즘

리오콘 군상(27년) 고대 그리스 조각

헬레니즘은 마케도니아의 알렉산드로스 3세가 죽은 기원전 323년부터 로마가 이집트를 정복한 기원전 31년경까지의 그리스와 로마 문명을 일러 말한다. 기원 3세기경 알렉산드로스 왕이 대제국을 세우면서 유럽, 아시아, 북아프리카 사이의 문화교류가 활발히 이루어졌다. 고대 그리스 문화와 오리엔트 문화가 함께 어우러진 문화는 헬레니즘의 특징이라고 할 수 있다. 이러한 문화의 융합은 새로운 문화의 발전을 가져오고, 그로인해 사람도 사회도 변화를 꾀하는 기회로 작용한다.

헬레니즘의 모든 것은 그 중심에 사람이 있다. 다시 말해 사람에서 모든 것이 시작되고, 그 바탕을 이루는 것 또한 사람이다. 이는 각 개개인을 매우 중요시했다는 것을 알 수 있다. 그런 까닭에 헬레니즘 문화는 인본주의적 세계관을 바탕으로 하는 다시 말해 인간 중심의 사유를 지향함으로써 인간은 누구나 중요시하는 특징을 지닌다. 또한 교육과 문화는 초기에는 고전이 중심이었으나 헬레니즘 교육의 중심은 수사학이었다.

헬레니즘 시대를 정치적으로 세단계로 분류한다면 제1기는 알렉산드로스 3세가 세운 제국의 분열과 새로운 여러 국가가 건설된 기원전 323에서 280년까지이고, 제2기는 세력균형이 이루어지고, 주변 지역에 대한 그리스문화 및 그리스적 생활양식의 확대되고, 철학과 과학의 우위점하는 창조적 발전을 이룬 기원전 280년에서 160년까지이며, 제3기는 동방 및 로마 문화의 영향으로 인해 정치적으로 쇠퇴하고 패망을 앞둔 기원전 160년에서 31년까지이다.

결론적으로 헬레니즘은 그리스 문화와 오리엔트 문화가 함께함으로써 예술과 문화, 교육과 사상, 사회와 경제 등 여러 분야에서 독특한 문명을 이룬 시기다.

헤브라이즘

아우구스티누스(354-430)
이탈리아 신학자

헤브라이즘은 고대 이스라엘인의 종교와 구약 성서에 근원을 두고, 인간이 아닌 야훼 하나님에게 절대적으로 순종하는 것을 근본으로 삼았다. 하나님을 경배하며 모든 삶에 있어 감사와 가쁨, 행복과 삶의 영광을 하나님께 돌렸다.

그럼으로써 하나님에게서 축복을 받음은 물론 천국에 이르는 내세적 소망이 이루는 데 있었다. 헤브라이즘은 특히, 유대인에게 있어서는 삶과 신심의 기반되는 중요한 사상이다. 이러한 초기의 헤브라이즘은 고대 이스라엘에만 머무르지 않고 중세의 교부철학과 스콜라 철학으로 이어진다.

헤브라이즘은 가장 큰 특징은 내세적이고, 신본주의적인 세계관을 바탕으로 한다는 데 있다. 다시 말해 하나님과 그 믿음을 바탕으로 하는 신앙적 양심의 준엄성에 대해 순종하며, 이를 통해 축복과 사랑, 행복, 바라는 것들을 이룸으로써 평안에 이르게 한다.

초기에 있어 헤브라이즘은 더 많은 사람들에게 설득력을 가짐으로써, 사람들을 그 안에 들어오게 하기 위해 논리성을 지닌 철학적 기반이 필요했다. 이것을 이행하고 만족시킴으로써 중세를 지배한 그리스도교 사상의 원천은 아우구스티누스를 중심으로 하는 교부철학이다.

여기서 교부철학이란 이단에 맞서 교회의 이론을 세운 사람들이 기독교 신학을 바탕으로 하는 철학을 말한다. 교부철학에 이어 중세 후기에는 그리스도교 교리를 철학적으로 논증하기 위해 노력한 토머스 아퀴나스가 그리스도교의 교리를 체계적으로 체계화시키면서 신학과 철학, 신앙과 이성 간의 조화를 이룬 스콜라 철학으로 발전시켰다.

　결론적으로 헤브라이즘은 그 중심에 야훼 하나님이 있다. 다시 말해 내세적 신본주의를 근본으로 하는 데 있다. 또한 헤브라이즘은 히브리어 문화와 정신 모두를 아울러 이르기도 한다.

07 고전주의

다비드의 〈호라티우스 형제들의 맹세〉 (1784)

고전주의는 정형화된 형식을 특징으로 하는 사조로 낭만주의와 가장 대비되는 개념으로 이탈리아에서 일어난 르네상스를 토대로 하여 나타났다. 비잔틴 제국의 쇠퇴로 각 문화권에서 다양하고 풍부한 지적유산이 유럽으로 급속히 확산되었다. 이에 대한 반작용으로 고전주의가 나타났다. 이를 통해 수학과 기하학이 미술의 영역과 연계되는 것으로 인지하게 되었으며, 인문주의와 현실주의 등이 고대 및 근대 문화를 오가며 발전하였다.

르네상스 시대의 고전주의는 16세기, 17세기를 거치며 계속 발전해 나갔다. 하지만 엄격한 규율이나 규칙, 미술과 음악에 대한 정형적인 양식을 지나치게 강조했다는 인상을 주었다. 회화에 있어 고전주의는 18세기말부터 19세기 초에 걸쳐 다비드에 의해 추진되었으며, 고대에 대한 숭배가 크게 확장되었다. 그러다 보니 소재도 고대에서 취했으며 애국, 영웅, 교훈적인 그림을 그린 작품이 제작됨으로써, 국가와 사회가 바라는 것을 적확하게 표현하는 것으로서 존중되었다. 하지만 인물을 조각과 같이 그리고 그림 속의 동작 역시 조각적인 동작으로 그리게 되어 엄숙함은 있으나 색체는 지극히 단순하고 건조해 자연스럽지 못한 아쉬움이 있다.

조각에 있어서는 카노바가 이탈리아의 고전주의를 수립하면서 큰 영향을 주었다. 그는 단정하고 간결함을 좋아해 고대의 간결한 미를 되살리고 노력했다. 음악에 있어서는 하이든과 베토벤, 모차르트가 있다.

하이든의 음악은 멜로디가 신선하며 온화하고 순수하고 통일성이 있다. 베토벤의 음악은 웅장하고 힘차며 강렬하고 호소력이 뛰어나고 단순함과 복잡함, 정서적인 것과 지적인 것의 조화를 잘 갖췄다. 모차르트의 음악은 부드럽고 달콤한 음악부터 경쾌하고 활기차 듣는 이들의 감정을 따뜻하게 한다. 고전주의를 한 마디로 함축한다면 조화와 균형의 단정한 형식미를 중시한 사조라고 할 수 있다.

08 낭만주의

들라크루아의 〈민중을 이끄는 자유의 여신〉(1830)

18세기에서 19세기에 걸쳐 계몽주의와 신고전주의에 반대하여 생성된 낭만주의는 비현실적이고 환상적이라는 어원을 가지고 있다. 어원에서 보듯 낭만주의는 이성과 합리, 절대적인 것에 대해 거부하였다. 낭만주의는 18세기 독일의 '슈투름 운트 드랑' 시대의 대표 사상가이자 문예비평가인 요한 고트프리트 헤르더에 의해 시작되었다. 그는 민족역사와 감성과 감정을 강조하였으며, 그의 저서 《인류 역사의 철학적 고찰》은 러셀과 헤겔로 이어지는 데 있어 중요한 역할을 했다.

낭만주의자들은 느낌과 감정을 중요시하였으며, 이성에 대해 강한 회의를 품었지만 거부하지는 않았다. 또한 개성을 강조하고 사회를 과거와 달리 하나의 유기체로 생각했다. 19세기 중엽 때 성립된 낭만주의는 산업혁명으로 인한 사회변화를 따르기보다는 중세 봉건사회와 이국적인 것에서 이상을 찾고자 했다. 그 이유는 사회의 분열과 이기주의를 부정하고 중세 때 절대적인 힘을 지닌 공동체를 다시 일으키고 싶다는 마음에 의해서다.

18세기 말 워즈워스, 콜리지, 괴테, 실러는 낭만주의 1세대 작가들이 혁신을 주도했다. 그 이후 2세대들은 1820년대부터 저력을 드러내기 시작했음은 물론 낭만주의라는 시대의 정신을 맘껏 분출시켰다. 문학에서 출발했던 낭만주의는 모든 예술의 장르로 전 유럽으로 퍼져나갔다. 미술에 있어서의 낭만주의는 제재를 문학이나 정서에서 구함은 물론 그것은 혁신적인 사상을 떠나 감정을 자유롭게 토론하고, 그에 대한 내용이나 색체에 더 정열적으로 표현하고자 했다. 결론적으로 낭만주의는 어떤 하나의 전형을 갖기보다는 개개인의 감수성에 새로움을 추구하는데 그 의의가 있다.

그것은 혁신적인 사상을 떠나 감정을 자유롭게 토론하고, 그에 대한 내용이나 색체에 더 정열적으로 표현하고자 했다. 결론적으로 낭만주의는 어떤 하나의 전형을 갖기보다는 개개인의 감수성에 새로움을 추구하는데 그 의의가 있다.

09 형이상학과 형이하학

라파엘로의 <아테네
학당> (1509~1511>에서
플라톤과 아리스토텔레스

형이상학이란 사물의 본질이나 존재의 근본 원리를 사유와 직관을 통해 연구하는 학문을 말한다. 형이상학이란 말은 아리스토텔레스의 의해 유래했다. 그의 정의에 의하면 형이상학은 존재의 근본을 연구하는 학문인 동시에 세계의 궁극적 근거를 연구하는 학문이기도 하다.

또한 형이상학은 사회의 근본체계와 사회현상, 모든 지식들 또는 인류 대다수에게 그보다 나은 지식일지라도 그것들의 근원은 변증 직관이나 경험에 따르지 않고, 개념을 논리적으로 분석해서 대상을 연구함 된 체계가 아니라, 하나의 독립된 개별적 영역이라고 주장하는 철학 이념이다.

형이상학에 대한 동서양의 견해는 차이가 있는 바, 가장 큰 차이는 서양의 경우 인간은 형이상학적 진리들을 직접적인 경험으로 알 수 없다는 견해가 주를 이루는 반면, 동양의 경우는 형이상학적 진리들을 직접적인 경험으로 알 수 있다는 견해가 주를 이룬다는 데 있다.

형이하학이란 형이상학에 대응하는 학문으로 시간과 공간 안에서 우리가 눈으로 볼 수 있는 형체가 있는 사물을 연구하는 학문을 뜻한다. 생물학 동물학, 식물학, 물리학, 인문과학, 자연과학, 사회과학 등이 이에 속한다.

형이상학이나 형이하학은 인간의 삶에 있어 반드시 필요한 학문으로써 그 궁극적인 목적은 인간을 유익하게 하는 데 있다고 하겠다. 형이상학은 존재의 본질, 곧 정신적인 것이라면, 형이하학은 형체를 지닌 물질, 곧 육체를 이롭게 하는 데 있어 필요로 하는 학문이기 때문이다. 이런 점에서 볼 때 서양이나 동양이나 학문의 목적은 다를 바 없지만, 서양은 직접적인 경험으로는 알 수 없다는 입장이고, 동양은 직접적인 경험으로 알 수 있다는 것에 차이가 있다는 데서 상반된 견해를 갖는다.

10 초월주의

토머스 칼라일(1795~1881)
영국 평론가이자 역사학자

초월주의란 초절주의라고도 하는데 19세기 미국 뉴잉글랜드의 작가와 철학자들이 주창한 것으로, 이들은 모든 피조물은 본질적으로 하나이며 인간은 본래 선하며 심오한 진리를 증명하는 데 있어 논리나 경험보다는 통찰력이 더 낫다는 주장을 펼치는 한편, 그 믿음에 기초한 관념론 사상체계를 고수한다는 점에서 뜻을 같이하였다.

이를 좀 더 부연해서 말하면, 사회와 단체가 개인의 순수성을 타락시켰으므로 인간은 자존自存하고 독립적일 때가 가장 최선일 수 있다는 것을 말한다.

초월주의는 콜리지와 토머스 칼라일의 굴절한 초절주의, 플라톤주의 신플라톤주의, 인도와 중국의 경전, 독일의 초절주의 등을 바탕으로 하였으며, 뉴잉글랜드 초월주의자로 하여금 해방의 철학을 추구하게 만든 원천이기도 하다. 뉴잉글랜드 초월주의는 낭만주의 운동의 일부로서, 매사추세츠 주 콩코드 지역에서 시작되어 1830년에서 1855년까지 신세대와 구세대의 갈등을 보여주었고, 토착적이고 향토적인 소재를 바탕으로 하는 새로운 민족문화의 출현을 대변했다.

초월주의자들은 종교문제에도 관여했는데 이들은 18세기 사상의 관습을 거부했다. 또한 이들은 무정부주의, 사회주위, 공산주의 생활양식 운동 등 개혁운동의 지도자로 활동하면서 여성참정권, 노동자를 위한 환경개선, 자유종교 진흥, 교육혁신 등 인도주의에 입각한 주장을 내세웠다. 대표적인 초월주의자로는 랠프 왈도 에머슨, 헨리 데이비드 소로, 마거릿 폴러, 존 뮤어, 윌리엄 채닝, 월드 휘트먼, 프레드릭 헨리 헤지, 시어도어 파카 등을 꼽을 수 있다.

11 톨스토이즘

레프 톨스토이(1828~1910)
러시아 소설가이자 사상가.
톨스토이즘 창시자.

《전쟁과 평화》《안나 카레니나》《부활》로 유명한 러시아 국민작가 톨스토이는 위대한 작가이면서 톨스토이즘이란 그만의 사상을 만든 사상가이다. 그는 죽음에 대한 공포와 삶에 대한 무상에 대해 심한 정신적 동요를 일으켜 과학, 철학, 예술 등에서 그 해법을 구하려 하였으나 답을 얻지 못하고 종교에 의탁하게 된다,

이후 《교의신학비판》《요약 복음서》《참회록》《교회와 국가》《나의 신앙》을 발표하였다. 이런 책을 쓰면서 그의 사상은 체계화되었다. 그만의 사상을 '톨스토이주의' 라고 한다. 그의 사상은 타락한 그리스도교를 배제하고 사해동포 관념에 투철한 원시 그리스도교에 복귀하여 근로, 채식, 금주, 금연을 표방하고 간소한 생활을 영위하고, 악에 대한 무저항주의와 자기완성을 신조로 하여 사랑의 정신으로 전 세계의 복지에 기여하는 것이다.

그리고 착취에 기초를 둔 일체의 국가적·교회적·사회적·경제적 질서를 비판하는 동시에 그 부정을 폭로하고, 지상에 있어서 '신국神國' 건설의 길을 인간의 도덕적 갱생에 두었으며, 악에 대항하기 위한 폭력을 부정, 기독교적 인간애와 자기완성을 주창하였다. 한 마디로 그는 신의 의지란 인간이 서로 사랑하고 그 사항을 실천하며, 인간의 참된 행복은 신의 의지를 표현하는 것이라는 것, 이것이 톨스토이즘의 본질이다라고 주장했다. 그의 유명한 소설 《부활》은 이런 사상을 잘 보여주는 대표 작품이라고 할 수 있다.

12 모더니즘

에즈라 파운드(1885~1972)
미국 시인이며 문예비평가

모더니즘은 19세기 말부터 유럽 지식인들 사이에서 발생했는데, 20세기에 들어와 크게 확산된 문예사조로 '근대주의' 또는 '현대주의'라고도 한다. 모더니즘은 다양한 양상 문학, 미술, 조각 등의 예술 으로 세계 곳곳에 전개되었다.

모더니즘에는 표현주의, 다다이즘, 이미지즘, 미래파, 초현실주의, 주지주위, 신즉물주의 등이 있다. 이러한 다양성으로 인해 사실주의와 대등한 중요한 문예사조이면서도 그 개념의 정립은 분명치 않고 막연하다고 하겠다.

모더니즘의 중심은 영국과 미국으로 특히 미국의 시인이자 비평가인 에즈라 파운드가 주도적으로 이끌었는데, 그는 20세기 영미 시에 지대한 영향을 끼쳤다. 영국과 미국의 이미지스트들은 새로운 사상에 자극받음으로써 과격하고 유토피아적인 모더니즘 운동을 펼쳤다. 이들은 낡은 시법에, 다시 말해 전통에 대항하여 목가적인 정감이 아닌 정확한 기술記述과 심상, 곧 이미지를 새롭게 하는 시적 언어에 대해 깊은 관심을 기울였다.

그래서 이들은 자유시와 비정형시를 썼으며 그에 맞는 시적 기법에 몰두하였다. 그리고 이미지를 가장 중요한 시적 기법으로 여겼다. 또한 화가들은 입체파의 추상기법과 새로운 감각을 담고 있는 이탈리아 미래파의 기법을 사용하였다.

모더니즘은 제1차 세계대전 직후 변화를 가져왔다. 과격한 유토피아적인 영국과 미국의 모더니스트들은 이전의 것, 다시 말해 전래의 형식을 모방하여 익살스럽게 변형하는 개작의 수법인 패러디를 적용했다.

온정주의자인 소설《아들과 연인》의 D. H 로렌스와 시집《황무지》의 T. S 엘리엇이 대표적인 인물이다. 이에 반해 에즈라 파운드와 루이스는 반민주적인 입장을 취했다. 모더니즘은 한 마디로 축약하면, 낭만주의 이후 문학전통에 반기를 들고 혁신과 실험을 통해 새로움을 추구한 문예운동이다.

13 페미니즘

1960년대 페미니즘 운동

페미니즘은 여성주의를 뜻하는 말로 19세기에 유럽에서 일어난 여성참정권 운동에서 비롯되었다. 페미니즘이란 여성 억압의 원인과 상태를 드러냄으로써 여성이 억압에서 벗어나는 것을 궁극적 목표로 하는 운동이나 이론을 말한다.

페미니즘은 남성중심적인 가부장제로 억압받는 여성을 해방시키고자 하는 정치적 실천은 물론 그것을 담론하는 용어로 지칭되었다. 페미니즘은 계급적인 문제를 성차별 문제로 인식되게 했고, 사회적 불평등 기원에 대한 다양한 탐구를 통해 여성학이란 새로운 학문을 탄생시킴은 물론, 가부장제 이데올로기에 대항하는 여성의 정치적 참여와 해방운동을 양산했다.

페미니즘은 1960년대에 와서 급진적 페미니즘으로 발전했고, 남성 지배 메커니즘을 가부장제라는 이데올로기에 근원을 두고 남성이 여성에 비해 모든 면에서 특권을 누림으로써, 지배적이고 권력적인 가부장제를 타파하기 위해 노력했다.

페미니즘은 1970년대를 거치면서 보다 더 정밀하고 체계적으로 발전되었지만, 정신분석학적인 페미니즘 논의는 문제에 대한 뚜렷한 대안을 내놓지 못했지만 노력은 여전히 활발하게 진행되었다. 1975년 유엔은 '세계 여성의 해'를 지정하고, 멕시코에서 평등, 발전, 평화를 주제로 하는 세계 여성 대회가 열렸다. 이를 통해 국제적으로 페미니즘이 확산됨은 물론 아시아, 아프리카 등의 유색인 여성들도 페미니즘 운동에 대해 생각하고 참여하는 기회가 되었다.

우리나라의 경우 1987년 민주화의 영향으로 여성운동이 크게 성장하였으며 사회문제, 가정폭력, 성문제, 호주제 폐지 이후 더 다양화되어 진행되고 있다. 한 마디로 페미니즘은 여성이 한 인격체로서 남자와 평등하게 권리를 행사함으로써 인간다운 삶을 영위코자 하는 여성운동이다.

14 사회주의

페르디난트 라살(1825~1864)
독일 사회주의자며 독일
노동자협회의 창설자

사회주의란 생산수단을 공동으로 운영하는 협동경제와 모든 사람이 노동의 대가로 평등하게 분배받는 사회를 지향하는 다양한 사상을 지칭하는 말이다. 사회주의라는 용어는 19세기에 처음 생겨났는데, 영국에서는 감리교 노동공동체를 계획하고 있던 로버트 오웬을 따르는 사람들이 자신들을 설명하는 데 처음 사용되었다.

또한 프랑스에서는 1832년 이상적 사회주의자로 불리는 앙리 드 생시몽의 이념을 따르는 이들을 비롯해《앙시클로페디 누벨》의 저자 피에르 레로와 J. 레노들이 사용하였다. 그리고 독일에서는 사회주의자인 페르디난트 라살이 그의 저서《노동자 강령》에서 사용하였다. 이후 사회주의란 용어는 사화주의자들과 그것은 폄훼하고 비난하는 이들에 의해 널리 사용되었다.

사회주의는 자본주의에 대해 매우 부정적이고 비판적이다. 자본주의는 자본으로 착취를 통해 부를 축적한 사회 극소수에게 권력과 부가 집중되고, 자본주의적 소유관계가 생산력을 통제하고 막는다는 것이다. 이로 인해 국민의 대다수의 삶을 피폐하게 만드는 부조리한 결과를 낳는다고 보는 것이다.

칼 마르크스를 비롯해 프랑스의 '공산주의 이론가'인 앙리 드 생시몽과 '과학적 사회주의'의 창시자 가운데 하나인 프리드리히 엥겔스는 광범위한 사회적 생산개념의 도입만이 자본주의의 무분별한 생산에 인한 폐해를 극복할 수 있다고 강력히 주장하였다. 하지만 이들의 주장에 대해 분배의 기준이 무엇인가에 대해 사회주의자들 사이에 논란이 일

었다. 결론적으로 사회주의는 경제적으로 경쟁을 통해서라기보다 함께
하는 협력을 통해서 계획경제를 추구해야 한다고 주장한다. 하지만 사
회주의는 개개인의 능력과 재능을 펼칠 수 있는 기회를 가로막는 모순
을 지닌다는 데 그 맹점이 있다.

15 자본주의

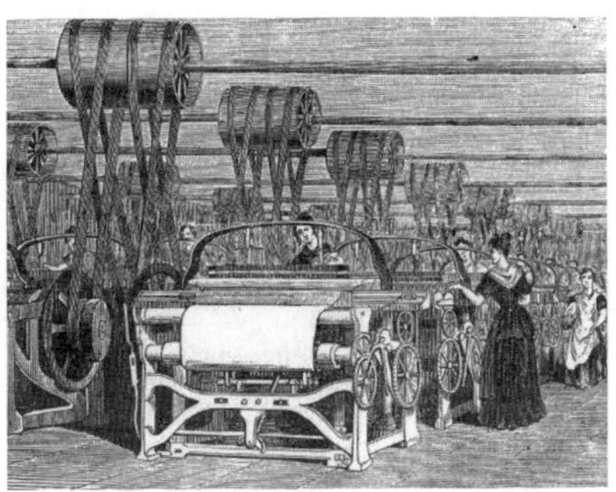

영국 산업혁명기의 공장

자본주의는 이윤추구를 목적으로 하는 경제활동을 일컫는다. 다시 말해 자본주의는 재화의 사적소유권이 개인에게 있는 것으로써 이에 대한 자유의지에 반하거나 법률에 의하지 않는 방법으로는 양도불가능한 사회구성권, 다시 말해 즉 사회구성원으로서의 기본권으로 인정하는 사회구성체를 말한다. 자본주의에 있어 생산수단의 사적 소유는 농업이 시작됨과 동시에 제한적으로 존재해왔다. 학자들 가운데 이에 대해 중세 길드를 자본주의적 성격을 띤 것으로 주장하기도 한다.

하지만 중세시대에는 신분제도로 인한 제한적 요인이 있고, 과도한 세금을 비롯해 지역마다 부과되던 관세와 고율의 이자 등으로 이윤을 내기란 쉽지 않았다. 그럼에도 영국은 18세기 무렵 이러한 장애를 극복하고 이윤을 창출한 자본가가 등장하였다. 나아가 19세기에는 유럽에 자본주의가 정착되었다.

19세기 말 자본주의는 산업자본주의에서 금융자본주의로 바뀌는데, 금융기관이 시장과 생산에 대한 주도권을 갖는 자본주의 형태를 말한다. 그런데 자본주의는 대공황이란 악제를 만나게 된다. 1928년 일부 국가에서 일어나기 시작한 공황이 1929년 10월 24일 미국 뉴욕 주식시장의 대폭락에 의해 촉발되어 전 세계로 확산되었다. 이로 인해 기업들은 줄도산을 하고 대량 실업자들이 생겨났으며, 디플레이션을 초래하여 피해는 걷잡을 수 없이 퍼져나갔다.

　그러자 수정자본주의가 대두됨으로써 일종의 사회주의적 통제경제
를 도입하여 시장을 규제함으로써 투자의 유지와 불경기의 상황에서
시장의 회복을 꾀하고자 하였다. 그리고 나아가 무상의료 및 무상교육
등 사회보장제도를 통해 각 개개인이 사회 구성원으로서 인간다운 생
활을 도모하는 복지국가를 더 나은 국가 형태로 보았던 것이다. 하지만
가진 자와 갖지 못한 자로 인한 불평등은 자본주의가 지닌 맹점이다.

16 실존주의

카를 야스퍼스(1833~1969)
독일 철학자

실존주의란 개인의 자유와 책임, 주관성을 중요하게 여기는 철학적이자 문학적 흐름이다. 인간, 다시 말해 개인은 단순히 생각하는 주체가 아니라 행동하고, 느끼며 살아가는 주체이다. 실존주의는 19세기 중엽 키르케고르와 프리드리히 니체에 의해 주창되었는데, 여기서 실존이란 인간에게 있어 실존은 본질에 선행한다는 것으로써 인간은 주체성에서 출발하지 않으면 안 된다는 것이다.

이와 같은 실존은 인간이라고 하는 개념으로 정의되기 이전에 이미 존재하고 있다는 것이다. 이러한 실존주의는 니힐리즘이 자아를 강조한 나머지 세계를 부정하기에 이르는 데 반하여, 같은 자아의 실존을 강조하면서 동시에 어떤 형태로든 자아와 세계를 연결지으려고 노력하였다.

실존주의를 하나의 독자적인 철학으로 등장시킨 것은 제1차 세계대전의 패전국 독일에서의 심각한 사회적 위기감의 체험이었다. 이러한 체험의 철학적 반성의 결정이라고 할 수 있는 야스퍼스의《세계관의 심리학》이나 하이데거의《존재의 시간》은 실존주의철학을 알리는 기념비적인 저작이 되었다.

패전국인 독일과 마찬가지로 사회적 불안이 세계 각국을 엄습하고 사람들이 심각한 인간조외의 포로가 됨에 따라, 인간의 주체성 회복을 주제로 하는 실존철학은 프랑스, 이탈리아를 비롯해 세계 각국에 파급되기 시작했다. 사르트르는 현상학과 하이데거의 영향을 받아 인간의 주체성을 강조한 새로운 철학을 주창하고 이를 실존주의라고 이름붙인 최초의 사상가이다.

　실존이란 본래의 이념적인 본질과 대비하여 상용되는 철학 용어로 밖에 서 있는 현실적인 존재를 의미한다. 다시 말해 실존에 의해 그 본질을 결정해 가는 존재는 자유로운 존재이므로 실존의 본질은 자유라고 할 수 있다. 실존주의 철학은 모든 도그마의 절대적인 경향에 반항하고 인간실존의 진실을 우선시킴으로써 현대 휴머니즘 철학으로서의 진가를 발휘하였다.

17 포스트모더니즘

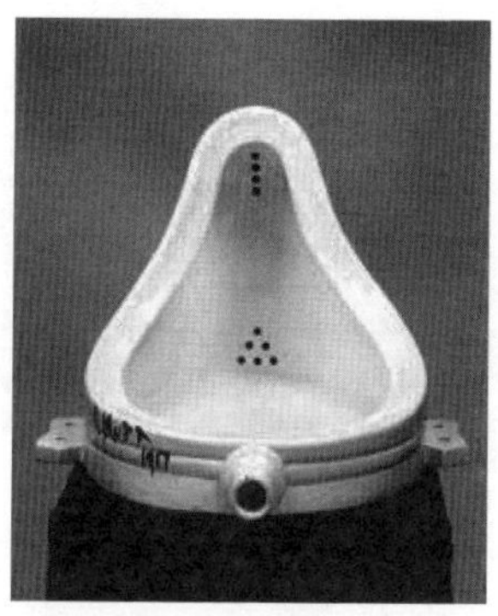

뒤샹의 <샘> (1917)

포스트모더니즘은 1960년대 프랑스와 미국을 중심으로 일어난 문화운동인 동시에 정치, 사회, 경제, 사회 등의 영역과 관계된 이념이다. 18세기 이후 계몽주의를 통해 이성 중심주의가 만연했는데, 제1차, 제2차 세계대전 이후 이성 중심주의에 대한 회의감으로 인해 탈 중심적 다원적사고 및 탈 이성적 사고 중심의 포스트모더니즘이 크게 확산되었다. 이는 포스트모더니즘의 가장 큰 특징이라고 할 만하다.

포스트모더니즘은 철학사조로서의 폭넓은 주관주의, 상대주의 및 회의주의로서의 특징을 보인다. 포스트모더니즘은 근대 서양사의 철학적 가정과 그 가치성 및 지적 세계관이 대한, 다시 말해 모더니즘에 대한 하나의 반작용이라고 할 수 있다. 포스트모더니즘 철학자들은 인간의 진보수단으로서의 과학과 기술에 대한 계몽주의적 관점을 부정한다.

그 이유는 과학과 기술에 대한 지식은 그것을 잘못 사용하는 관계로 제2차 세계대전에서 대량살상을 일으킨 과학의 발달을 가져왔다고 주장한다. 또한 이성을 파괴시키는 주된 요인으로 보았다. 나아가 20세기에 일어난 전쟁 등 일련의 부정적이고 파괴적인 사건은 일부 사악한 자들에 의해 일어난 것으로 보았던 것이다. 포스트모더니즘 철학자들은 때로 이성과 논리의 사용을 포함한 과학적 증거의 기준을 계몽적 합리성으로 규정짓는다.

결론적으로 포스트모더니즘은 모더니즘의 반작용으로 일어난 문화운동으로 모더니즘이 지닌 추상성을 떠나 대중성을 표방하고 그것을 강하시키는 것에 목적을 두었다. 또한 각 개개인의 개성과 다양성, 사회적 다양성, 그리고 자율에 그 가치성을 두었다. 이처럼 포스트모더니즘은 인간과 사회, 문학과 문화, 예술 등 전반적인 것에 영향을 끼쳤다.

18 무위자연

노자는 자연의 이치를 따르고 '무위자연 無爲自然'하게 사는 도道를 중요하게 생각했다. 노자가 말하는 무위란 '자연을 그대로 두고 인위를 가하지 않음'을 말한다. 다시 말해 자연의 순리에 따르는 것으로 인간이 인간의 생각에 의해서 판단하거나 그것을 좌지우지해서는 안 된다는 것이다. 그러니까 있는 그대로를 따르는 것, 순리대로 사는 것 이것이 바로 무위자연이라는 것이다.

물은 노자에게 무위의 중심 대상이다. 물은 위에서 아래로 흐르고, 높은 곳에서 떨어져도 깨지지 않는 부드럽지만 강한 존재이다. 물과 같이 흐르는 대로 꾸미지 않고 바르게 사는 것 그것이 노자의 사상이다.

노자(BC 6세기경)
도가의 청시자. 어록 모음집:
《도덕경(道德經)》

물은 그 어느 것과도 다투지 않으며
무엇이든 억지로 하는 법이 없다.
그리하면서도 만물을 이롭게 한다.
물은 사람들이 싫어하는 낮은 곳에 몸을 두려한다.
물은 도와 비슷하다.

_제8장 일부

이는 《도덕경》에 나오는 말로 노자의 중심 사상인 무위자연을 함축적으로 잘 보여준다. 무위는 '도는 언제나 무위이지만 하지 않는 일이 없다.'이고 자연은 '하늘은 도를 본받고 도는 자연을 본받는다.'는 의미이다. 이는 거짓됨과, 인위적인 것으로부터 벗어나려는 것을 뜻한다. 이런 관점에서 볼 때 《도덕경》은 인간으로서 인간답게 살아가는 데 근본으로 삼아 행해야 할 지침과도 같다고 하겠다.

19 공자

공자(BC 551~479)
중국 춘추전국시대 교육자이자
철학자. 어록 모음집
《논어(論語)》

공자는 창고를 관장하는 위리, 나라의 가축을 기르는 승전리 등의 말단관리로 근무하였다. 그는 40대 말에 중도의 장관이 되었으며, 노나라의 재판관이며 최고위직인 대사구가 되었다. 그러나 그는 곧 자리에서 물러났다.

공자는 6예 즉 예禮, 악樂, 사射: 활쏘기, 어御: 마차술, 서書: 서예, 수數: 수학 에 능통했으며 역사와 시詩에 뛰어나 30대에 훌륭한 스승으로 이름을 떨쳤다. 그는 모든 사람이 배우는 데 힘쓰기를 주장하였으며 배움은 지식을 얻기 위한 것만이 아니라 인격을 기르는 거라고 정의하였다.

공자의 어록 모음집 《논어》는 유교경전으로 4서 논어, 맹자, 대학, 중용 중 하나로 공자의 가르침을 전하는 가장 확실한 문헌으로, 일반적으로 유교경전을 가르칠 때 제일 먼저 가르친다. 인仁, 군자君子, 천天, 중용中庸, 예禮, 정명正名 등 공자의 기본 윤리개념을 모두 담고 있다.

공자의 사상을 근본으로 하는 유교는 조선시대 태종의 숭유억불정책에 의해 확산유지되었으며, 유교의 근본이 되는 '인의예지仁義禮智'는 양반가에서는 반드시 익혀야 하는 의무라고 해도 지나침이 없다. 충忠, 효孝, 예禮를 매우 중시하여 임금에게는 충성을 다하고, 어버이에게는 효를 다하고, 예를 엄격이 하여 이를 적극 장려하였다. 또한 관혼상제冠婚喪祭를 중시하여 이를 엄격히 지키게 한 것도 유교사상에 기반을 둔다.

이처럼 공자의 유교사상은 일상에서 그대로 실천화되었으며, 그것을 덕목德目으로 하였다는 것에 그 의의가 있다고 하겠다. 물론 그에 따른 부작용도 있었지만, 그것은 인간의 과욕이 빚은 일이기도 했다.

20 맹자

맹자(BC 372~BC 289)
전국시대 추나라 학자이자
사상가. 대표 저서 :
《맹자(孟子)》

맹자는 중국의 고대 철학자로 추나라 사람이다. 어린 나이에 아버지를 여의고 어머니 슬하에서 자랐다. 그의 어머니는 아들 맹자를 잘 키우기 위해 3번이나 이사를 했다. 이를 가리켜 맹모삼천지교孟母三遷之敎 라고 한다.

맹자는 공자의 손자인 자사의 문하생으로 수업했다. 그로인해 공자의 사상을 고스란히 이어받았다. 맹자의 주요 사상은 하늘에 대한 숭경의 정념이라고 할 수 있다. 하늘은 인간과 모든 만물을 낳고, 피조물을 지배하는 영원불변의 법칙을 정해 이를 만물을 창조한 목적으로 삼았다는 것이다.

이에 피조물인 인간에게는 하늘의 법칙성, 다시 말해 하늘의 뜻이 내재하고 있으며 하늘이 정한 법칙달성이 피조물인 인간의 목적이라는 것이 맹자의 인간관이다. 그리고 인간의 성은 선善이며 그것을 증명하기 위해 인의예지仁義禮智 등 사단四端, 곧 '싹'이 갖춰져 있다고 했다. 여기서 인仁은 측은한 마음이며, 의義는 불의불선을 부끄럽게 알고 증오하는 수오의 마음이며, 예禮는 사양의 마음이며, 지智는 선악의 옳고 그름을 판단하는 시비의 마음이다.

맹자는 공자가 수립한 인간의 실천적 주체성이나 덕에 의한 정치라는 사고방식을 전통적인 하늘의 신앙과 결부시켜 이를 발전시키고 자신의 생각을 접목시킴으로써 자신만의 사상을 만들어냈다.

특히 맹자는 백성들의 생계를 책임지는 제도를 만들고 그들을 교육시키는 도덕적, 교육적 지침을 마련함은 물론 백성들이 경제적으로 자립할 수 있도록 보장해주어야 한다고 주장하였다. 그리고 각국의 제후

들에게 백성이 나라의 중심이 되게 하고 인정을 베풀고 복지를 돌보아
야 할 책임이 있다고 말했다. 나아가 사람은 누구나 태어날 때부터 착
하다는 '성선설'을 주장한 것으로 유명하다.

21 탈레스

탈레스(BC 625~BC 624)
고대 그리스의 철학자, 밀레토스
학파의 창시자

물은 모든 물질의 근본이다는 우주론을 주창한 밀레투스 학파의 창시자인 탈레스는 기원전 640년경 소아시아에 있는 밀레투스에서 태어났다. 그는 장사를 하러 이집트에 자주 드나들면서 기하학을 배웠다. 그는 토지측량에 쓸 수 있는 기하학의 기초를 체계적으로 세우기 위해 노력했다.

또한 그는 일식을 예언하는 데 탁월한 재능을 지님은 물론 '우주는 물로 되어 있다.'고 주장하였다. 여기서 보다 중요한 것은 물이 모든 물질의 근본이라는 것은, 곧 그 근원적인 물질이 원소라고 탈레스는 규정하였다는 것이다. 그런 까닭에 물을 먹고 사는 사람이나 곡식들은 모두 물로 이루어졌다고 설파하였다.

탈레스는 논리와 논거를 중요시하는 철학자로서 추상적인 신화를 비난하고 했지만, 우주를 이루는 근본 물질은 물이라고 한 것은 물이 끓게 되면 기체로 변화되는 것을 보고 그 자체를 생명성을 가진 존재로 보았던 것일 수 있다. 다시 말해 탈레스에게 있어 물은 살아 있는 유기체인 것이다. 이처럼 그는 우주를 이루는 근본 물질은 추상적이고 관념적인 것이 아니라, 자연이라는 그 가운데서도 물이라는 것에서 그 원인을 규명하고자 했다.

이처럼 탈레스가 철학의 아버지라 불리는 것도 그는 신화와 같은 상상에 의해서가 아니라 수학이나 기하학처럼 공식화된 근거를 바탕으로 하는 데 있다. 이에 대한 근거로는 그는 수학적인 방법을 적용하여 피라미드의 높이를 측정했다는 것은 놀라운 일이 아닐 수 없다.

탈레스는 그리스 7현인, 다시 말해 탈레스, 비아스, 피타코스, 클레오브로스, 솔론, 히론, 페리안드로스 가운데서도 가장 뛰어난 사상가로 평가받는다.

22 아우구스티누스

아우구스티누스(354~430)
신학자이자 주교. 대표 저서 :
《고백록》《신국론》

교부이자 신학자이며, 사상가교부철학자인 성 아우구스티누스는 가톨릭 신자들에서 존경받는 위대한 인물이다. 그의 이름 앞에 거룩하다는 뜻의 '성 Sanctus'을 붙이는 것은 그가 성인으로서 책임과 의무를 다했음을 의미한다. 청년시절에 그는 여자와 이교도에 빠져 절제된 삶을 살지 못했다. 또한 이교도인 마니교에 빠져 10년 가까이 세월을 보냈다.

아우구스티누스는 어머니 모니카의 마음을 아프게 하며 불효의 시간을 보냈다. 그의 어머니 모니카는 독실한 그리스도인으로 아들의 타락을 막기 위해 눈물을 흘리며 밤새 기도한 끝에 그를 타락의 구렁텅이에서 건져냈다. 그후 그는 독실한 믿음으로 깊은 신앙을 갖게 되었고, 히포 레기우스에서 발레리우스 주교에게 사제서품을 받았다.

이후 그는 마니교를 부정하고 비판했다. 인간의 도덕적 완성을 주장하는 펠라기우스 주의를 비판하며 그리스도의 삶을 주장했다. 그는 모든 삶의 근원은 하나님께 있으며, 하나님의 은총만이 인간을 바르게 하고 죄에서 구원함을 강력하게 주장했다. 그는 발레리우스 주교와 공동주교가 되었으며, 공동주교가 죽자 히포 교구의 주교가 되었다.

아우구스티누스는 사람들을 아끼고 사랑했다. 사람이 사람 위에 군림하는 것은 하나님의 뜻에 어긋날 뿐만 아니라 하나님의 사랑을 부정하는 죄악이라고 믿었다. 427년 게르만족의 한 민족인 반달족이 북아프리카를 침략했을 때였다. 그는 피난민들의 곁에서 기도와 봉사로 섬겼다. 피난민들은 크게 감동하며 그를 높이 칭송했다.

23 르네 데카르트

르네 데카르트(1596~1650)
프랑스 철학자, 수학자, 과학자,
근대 철학의 아버지. 대표 저서 :
《방법서설》

르네 데카르트는 프랑스 수학자이자 과학자이며 철학자이다. 그는 투렌 지방 인근에 있는 소도시 라에의 귀족 가문에서 태어났다. 그는 예수회가 운영하는 플레쉬 콜레즈에 입학해 8년 동안 공부를 한 뒤 푸아티에대학 법학과에서 공부하였다. 그리고 네덜란드 브레다로 가서 수학과 군사건축학을 배웠다.

그후 파리로 와서 광학과 대수학에 대해 공부했다. 데카르트는 존재론과 인식론에 몰두해《방법서설》을 출판했다. 이 책은 3개의 논문과 이 논문에 대한 해설로 구성되었는데, 이 책에서 방법적 회의를 통해 "나는 생각한다. 고로 나는 존재한다."라는 원리를 확립했다.

그는 의심스러운 것은 모두 거짓이라 보고 확실한 것만 믿는 방법적 회의를 제시하였다. 인간이든 신이든 '존재'하는 것, 곧 '존재론적 증명'은 실제대신 추론에 의해 지식을 확립하는 데카르트의 합리론이다. 데카르트는 역학 연구를 통해 인간의 육체를 포함한 모든 물체는 역학의 원리에 따라 작동하는 기계라고 믿었다. 그는 인간의 정념이 선하다고 주장한 것에서 극단적인 도덕적 낙관주의자였다.

그는 또 사물들의 질서에 순종하라는 세네카의 충고를 받아들였으며, 우정을 생애 최고의 기쁨으로 여겼다. 그리고 개인보다는 집단의 이익을 위한 것이 바람직하다고 생각했다. 또한 그는 해석기하학의 아버지로 불리기도 하는데, 이는 그가 수의 성질을 연구하는 대수학과 도형의 성질을 연구하는 기하학을 하나로 묶어 근대 과학이 성립하는 데 기여한 까닭이다. 이로써 그는 근대 이성주의 철학의 기초를 마련했다.

24 프랜시스 베이컨

프랜시스 베이컨(1561~1626)
잉글랜드 철학자이자 정치인.
대표 저서 : 《신논리학》

영국의 철학자이자 정치가인 프랜시스 베이컨은 데카르트와 함께 근대 철학의 선구자로 불린다. 그의 아버지는 대법관인 니콜라스 베이컨이다.

그는 유복한 환경에서 자라나 케임브리지대학에서 아리스토텔레스의 철학을 배우지만 흥미를 잃고 중도에서 그만두었다. 그후 법을 공부하고 변호사가 되었으며 하원의원, 검찰총장을 거쳐 대법관이 되었다. 공직에서 물러난 뒤 연구와 저술에 몰두하였다.

그는 기존에 사실이라고 믿었던 모든 것들을 부정하고 관찰과 가설, 실험을 통해 새롭게 증명된 사실만을 지식으로 인정해야 한다는 실체적이고 과학적인 방법론을 제시하였다. 그를 경험주의 아버지라 부르는 것은 바로 이 때문이다. 또한 "아는 것은 힘이다."라는 유명한 명언 역시 이런 관점에서 한 말이라고 할 수 있다.

1620년 베이컨은 《신논리학》을 집필해 귀납적 철학을 제시하였으며, 이는 곧 경험주위 철학의 모범이 되었다. 베이컨의 《신논리학》은 바로 아리스토텔레스의 연역법에서 벗어나 자신이 주장하는, 다시 말해 많은 사람들이 함께 협력해서 관찰하고 실험하고 실체적이고 과학적인 방법을 통해 새로운 진리로 완성하겠다는 것에 대한 선언과도 같은 것이다.

베이컨은 《신논리학》에서 관찰과 실험을 바탕으로 하지 않는 것을 우상으로 지정하고 '종족의 우상', '동굴의 우상', '시장의 우상', '극장의 우상' 중 4가지로 구분하여 이런 우상들은 하등에 가치가 없는 것이기에 도외시해야한다고 주장했다.

결론적으로 베이컨의 철학은 과학의 모든 부분 특히, 관찰과 실험 등 연구토대를 마련하였다는 점에서 그 가치를 인정받는다.

25 임마누엘 칸트

임마누엘 칸트(1724~1804)
독일 관념철학자. 대표 저서 :
《순수이성비판》《실천이성비판》

근대 철학의 대가 칸트는 스코틀랜드에서 이민해 온 소시민 가정에서 태어났다. 그는 어린 시절 청교도인 어머니의 경건한 생활 속에서 감화를 받으며 자랐다. 그는 대학에 진학해 수학, 철학, 신학, 자연과학을 배웠는데 특히 뉴턴을 깊이 있게 배웠다.

대학졸업 후 10년 동안 가정교사를 하다 모교강사를 거쳐 논리학 및 형이상학 교수가 되었다. 그는 당시의 신사상이었던 뉴턴 철학에 관심이 많았는데, 뉴턴과 루소를 자신의 학문의 두 개의 기둥으로 삼고 연구에 연구를 거듭한 끝에 '비판철학'을 탄생시켰다.

칸트는 《순수이성비판》《실천이성비판》《판단력비판》을 통해 종래의 신 중심적인 색채가 남아 있는 형이상학의 모든 개념이 모두 인간학적인 의미로 바꾸이어야 된다며 주장했다. 또한 자율적 인간의 덕을 논하고, 실천의 장에서의 인간구조에 '불가결의 요청'이라는 형태로 신, 영세, 등의 전통적 형이상학의 내실을 다시 일으켜 그것이 새롭게 인간학적 철학에서 점유할 위치를 지적하였다.

미와 유기체의 인식이라는 장면의 분석을 통하여 목적론적 인식의 구조를 명백히 하고, 목적론과 기계론의 관계라는, 일생의 과제이며 동시에 세기적 과제에 비판적 해결을 부여하여 철학적으로 결말지었다.

칸트의 철학은 전 독일의 대학, 논단을 석권하고 피히테에서 헤겔에 이르는 독일 관념론의 선두 주자로서, 그 모태로서 커다란 역할을 하였다. 그 영향은 영국, 프랑스의 이성주의철학까지 미쳤으며, 후일의 독일 신칸트 학파의 철학은 칸트의 비판주의의 직접 계승을 지향한 것이다. 신칸트 학파 퇴조 후에 나타난 수많은 철학도 칸트의 영향을 받았다는 점에서 대철학자로서 손색이 없다.

26 쇼펜하우어

아르투어 쇼펜하우어
(1788~1860)
독일 철학자. 대표 저서 :《의지와 표상으로서의 세계》

독일의 철학자 쇼펜하우어는 부유한 상인의 아들로 태어나 어린 시절 가정교사에게서 교육을 받았다. 1809년 괴팅겐대학 의학부에 입학 허가를 받고 자연과학 강의를 듣다 인문학부로 옮겨 플라톤과 칸트를 공부하였다.

그후 1813년 예나대학에서 철학박사학위를 받았다. 그는 바이마르에서 지내면서 괴테와 교류하며 여러 가지 철학적 주제를 놓고 토론을 벌였다. 또 그는 동양학자인 프리드리히 마이어로부터 고대 인도에 대해 듣고 플라톤과 칸트와 더불어 자신의 철학적 체계를 세우는 데 있어 기초로 생각했다.

그는 아이작 뉴턴에 반대하고 괴테를 지지하는 논문 〈시각과 색에 관하여〉를 완성하고, 3년 내내《의지와 표상으로서의 세계》를 저술하였다. 이 책은 4권으로 이루어졌으며 의지의 부정이 해방 가능성을 지적하여 다룸으로써 쇼펜하우어 사상의 정점을 이룬다.

쇼펜하우어는 헤겔과 논쟁을 벌여 만족한 결과를 얻지만 베를린대학에서 교수로서 큰 성과를 거두지 못한다. 또한 그의 책 역시 주목을 받지 못했다. 그는 교수직을 내려놓고 프랑크푸르트에 지내며 은둔을 통해 금욕주의적인 생활을 하고, 유행이 뒤떨어진 옷을 입는 등 칸트의 삶을 모범으로 삼아 지내면서 집필에 몰두하였다.

그의 사상은 이성이 아니라 직관력과 창조력, 비합리적인 것으로 니체, 바그너, 게르하르트, 토마스만 등 많은 이들에게 영향을 끼쳤다. 그는 헤겔의 관념론을 반대하고 의지의 형이상학을 주창하였다. 그의 사상은 실존주의 철학과 프로이트 심리학에도 큰 영향을 끼쳤다.

프리드리히 니체

프리드리히 니체(1844년~1900)
독일 철학자. 대표 저서 :
《차라투스트라는 이렇게 말했다》

프리드리히 니체는 개신교 목사의 아들로 태어났다. 일찍 아버지를 여읜 그는 어머니와 함께 외가에서 지내며 피아노, 작곡, 글쓰기 등 다방면에서 뛰어나 어려서부터 주변 사람들의 인정을 받을 정도였다. 그는 본대학에 입학해 신학과에 적을 두었다. 그러나 기독교에 회의를 느끼고 중퇴한 후 라이프치히대학으로 옮겨 그는 심혈을 기우려 공부했다.

니체는 쇼펜하우어의 《의지와 표상으로서의 세계》를 읽고 쇼펜하우어 철학에 심취하였으,며, 이는 그가 철학을 연구하는 데 결정적인 계기가 되었다. 그는 24살 때 리츨 교수의 추천으로 박사학위도 없이 스위스 바젤대학의 교수로 초빙되었다. 그리고 25살 때 라이프치히대학 교수회의 결의에 따라 철학박사학위를 받았다.

하지만 27살 때 병으로 휴가를 얻고 쉬던 중 《비극의 탄생》을 썼는데, 이 책은 학계에서 크게 반감을 샀을 뿐만 아니라 학생들에게도 외면받았다. 그후 니체는 건강상으로도 그렇고 대학교수에 회의를 느껴 교수직을 사임하였다. 그리고 10여 일만에 《차라투스트라는 이렇게 말했다》를 썼지만, 1년 동안 60부만 팔렸다. 이에 크게 실망한 니체는 십여 년 동안 긴 방랑생활을 하면서도 꾸준히 집필활동을 하였다.

니체는 키르케고르와 더불어 실존주의의 선구자적인 역할을 했으며, 자유주의, 힘의 논리 등의 마키아벨리즘, 권위주의, 반대주의 등에 대해 강력히 비판한 것으로 유명하다. 또한 그는 기독교와의 대립을 통해 모든 기존의 가치를 거부했다. 그리고 이제까지의 모든 가치 기준이

었던 신에 대해 그 죽음을 선고하고 새로운 개념으로 초인사상을 피력
함으로써 자신만의 철학을 확고히 했다.

28 마르틴 하이데거

마르틴 하이데거(1889~1976)
독일 철학자. 대표 저서 : 《존재와
시간》

마르틴 하이데거는 1889년 메스키르히에서 출생했다. 하이데거는 초등학교를 마치고 김나지움에 입학하였다. 가톨릭 사제가 되는 조건으로 가톨릭 장학금을 받았다. 학교 졸업 후 예수회에 들어갔지만 몸이 약하다는 이유로 부적합 판정을 받고, 신부가 되기 위해 프라이부르크대학 신학부에 입학하지만 철학으로 진로를 바꿨다. 이때 하이데거는 가톨릭 잡지에 서평을 기고하였다.

1915년 사강사司講師가 되었고, 다음해부터 후설에게서 현상학을 배웠으며 1927년 현상학의 기관지에 《존재와 시간》을 발표하며 독일철학의 일선에 나섰다. 그는 1928년 후설의 후임으로 프라이부르크대학 교수가 되었다. 그리고 1933년 총장에 피선되었지만 주교육부와의 이해관계로 1934년 사직하였다가 1950년에 명예교수가 되었다.

하이데거의 철학은 《존재와 시간》을 중심으로 하는 전기 철학과 1930년부터 1935년 사이의 후기 철학으로 나뉜다. 《존재와 시간》은 그의 스승인 후설의 현상학과 아리스토텔레스의 존재론, 딜타이의 생애철학의 영향 하에 자신만의 철학을 담아 현존재의 존재의미를 탐구하는 실존주의철학을 수립하였다. 여기서 하이데거의 전기 철학은 방법론적으로 볼 땐 해석학적 현상학이며, 대상은 현존재인데 그것은 인간 실존에 대한 존재론이다.

하이데거는 친나치주의자였다. 그는 합리적인 근대 계몽주의 철학이 초래한 비인간화에 반대했으며, 미국 자본주의와 소련 공산주의를 합리적인 산물로 보고 이를 거부하면서 대안을 독일 민족정신의 부흥을 추구하는 나치즘에서 찾았던 것이다. 이렇듯 하이데거는 20세기 실존주의를 대표하는 사상가이자 대표적인 존재론자로서 유럽 문화계에 큰 영향을 끼쳤다.

29 랠프 왈도 에머슨

랠프 왈도 에머슨(1803~1882)
미국 시인이자 초월주의 철학자.
대표 저서 : 《자연》

에머슨은 유니테리언 교회 목사의 아들로 태어났다. 그의 가문은 7대에 걸쳐 대대로 성직을 이어왔다. 그는 보스턴공립 라틴어 학교에 입학해 시를 즐겨 썼는데 좋은 반응을 얻었다. 에머슨은 하버드대학교를 졸업한 후 신학을 공부하고 보스턴 제2교회 목사가 되었다.

그는 뛰어난 설교로 명성을 얻었지만, 아내가 죽고 신앙과 직업에 대해 깊은 회의에 빠졌다. 물론 그 이전부터 그는 교회의 교리에 대해 의문을 갖기 시작했다. 그는 자신이 했던 설교는 전통적인 교리에서 벗어났고, 개인적인 탐구의 성격을 띠었다는 걸 알았다. 또한 자아를 충족시키는 개인적 교리를 주장했던 것이다.

에머슨은 설교에 있어 그리스도 행적의 자취를 제외하고 자연과 인간의 도덕관에 대한 개인적 직관에 그리스도 신앙을 근본으로 하였다. 성직에서 물러난 그는 직접적인 신앙체험을 원해 유럽여행을 떠났다, 돌아와서는 명저《자연》을 집필하기 시작했다.

그는《자연》을 출간하여 명성을 얻고 영향력 있는 강연가가 되었다. 정통적 교리에서 떠나 개인적인 체험과 그것을 통해 자아성취를 중심하는 그의 생각은 초월주의라는 사상을 지향하게 되었으며, 그와 뜻을 함께하는 철학자와 문학가들과 같이 초월주의 운동에 심혈을 기울였다.

특히 에머슨은 소로에 관심을 갖고 그의 멘토를 자처하며 지원해주었으며, 소로는 그를 스승처럼 따르며 문학적인 영향을 받았다. 에머슨은 초절주의의 대표자로서 널리 인정받으며 이름을 떨쳤다. 에머슨은 수많은 강연을 통해 자신이 지향하는 철학인 초월주의 사상을 널리 알림으로써 자신의 가치를 드높인 사상가로 그리고 위대한 시인으로 미국사에 이름을 남겼다.

은 초절주의의 대표자로서 널리 인정받으며 이름을 떨쳤다. 에머슨은 수많은 강연을 통해 자신이 지향하는 철학인 초월주의 사상을 널리 알림으로써 자신의 가치를 드높인 사상가로 그리고 위대한 시인으로 미국사에 이름을 남겼다.

30 칼 마르크스

칼 마르크스(1818~1883)
독일 공산주의 혁명가, 철학자.
대표 저서 : 《독일 이데올로기》
《경제학 비판》

독일의 사회학자이자 경제학자이며 과학적 사회주의 창시자인 칼 마르크스는 프로이센의 라인 주 트로이에서 출생하였다. 마르크스는 베를린의 각 대학에서 법학, 역사, 철학을 배웠다.

그는 헤겔철학에 관심을 가졌는데, 베를린의 혁명문화에서 헤겔철학은 절대적인 영향을 끼쳤다. 마르크스는 그 영향으로 새로운 문예와 철학운동을 전개하는 '박사 클럽'에 가입하고 본격적으로 공부하기 시작했다.

마르크스는 1841년 박사학위를 취득하였으며, 1842년 1월 쾰른에서 창간된 《라인 신문》에 기고가가 되었으며 그해 10월 주필이 되었다. 마르크스는 주필로서 빈민의 주택문제, 새로운 공산주의에 대한 문제 등 갖가지의 사회적인 문제에 대한 논설을 집필했다. 그런데 여기서 마르크스는 헤겔의 관념론이 사회적 현실 문제를 해결하는 데 별로 도움이 되지 않는다는 것을 깨달았다. 그로인해 헤겔주의 동료들과의 사이에 거리가 생겼다.

1843년 '유대인 문제', '헤겔 법철학 비판'을 발표하여 프롤레타리아 해방의 혁명적인 입장을 분명히 했다. 1845년 《독일 이데올로기》를 쓰고, 1848년 엥겔스와 《공산당 선언》을 집필하였다. 1859년 《경제학 비판》을 저술하고, 1864년 '국제노동자 협회'를 창설하였다.

마르크스는 자신의 이상적 실현을 위해 노력만큼 압박당하고 경제적 어려움을 겪었으며 자녀들이 죽는 아픔을 겪었다. 마르크스 학설은 자본주의의 사회적 운동법칙을 분명히 하는, 경제학과 사회주의를 지

향하는 노동계급의 계급투쟁의 이론 및 전술을 확립하고 공산주의 이
론을 체계화했다.

31 헨리 데이비드 소로

헨리 데이비드
소로(1817~1862)
미국 철학자, 시인, 수필가. 대표
저서 : 《월든》《시민 불복종》

미국의 철학자이자 시인인 헨리 데이비드 소로는 미국 메사추세츠 주 콩고드에서 태어났다. 그는 어렸을 때부터 주관이 강했으며 부모의 성격을 닮아 홀로 지내는 것을 좋아했다. 그는 하버드대학에 진학해 공부하였으며 암기 위주의 공부를 매우 싫어했다.

대학졸업 후 노예제도와 멕시코 전쟁에 항의하여 멘토인 에머슨 소유인 월든 호수가 숲에 작은 오두막집을 짓고 1845년 7월부터 1847년 9월까지 홀로 살았다.

그는 이의 경험을 바탕으로《월든》을 출간했는데, 이 책은 모든 사고방식과 투쟁에 대해 쓰인 에세이이다. 출간 당시에는 주목을 받지 못했지만 20세기에 들어 환경운동의 교과서로 널리 읽힘으로써 그 진가를 인정받고 있다.

소로는 인두세 거부로 투옥당했으며, 이는 노예운동에 헌신하는 계기가 되었으며, 이때의 경험을 살려《시민 불복종》을 집필하였다. 그의 일생은 한 마디로 물욕과 인습의 사회와 국가에 항거해서 자연과 인생의 진실에 대한 탐구에 실험적 삶의 연속이라 할 만하다. 그의 이런 사상은 간디의 무저항주의와 마틴 루터 킹 목사가 시민운동을 하는 데 큰 영향을 끼쳤다.

소로는 당시 미국 최고의 문학가로 평가받는 에머슨과 교류를 하였는데, 이는 그에게 문학적 영향을 성취하는 계기가 되었다. 그리고 에머슨의 초월주의 활동에 그 맥을 같이 하는 계기가 되었으며, 그로인해 소로는 에머슨과 더불어 위대한 초월주의 철학자이자 미국 르네상스의 원천이 되었다. 소로의 일생은 물욕과 인습의 사회 및 국가에 항거하고 그것을 바탕으로 하여 자연과 인생의 진실에 관한 문제에 대해 연구하고 그것을 저술하는 매우 의미 있는 삶이었다.

장 폴 사르트르

장 폴 사르트르(1905~1980)
프랑스 작가이자 철학자. 대표
조소 : 《구토》

장 사르트르는 1905년 프랑스 파리에서 태어났다. 어렸을 때부터 영특했던 사르트르는 파리의 명문 에콜 노르말 쉬페리외르에 다녔다. 그는 철학과를 수석으로 졸업하고 북부의 항구도시 루아브르의 고등학교 철학교사가 되었고 그후 대학교수가 되었다.

이후 사르트르는 1933년 독일로 유학을 가서 하이데거의 철학을 공부하고 1937년 철학논문 〈자아의 초월〉 〈상상력〉을 발표하였다.

1938년엔 그 유명한 소설 《구토》를 발표하여 실존주의문학을 창시했다. 1943년에는 철학논문 〈존재와 무〉를 발표하고 《실존주의는 휴머니즘이다》라는 책을 통해 새로운 주장을 펴면서 인간은 하나의 실존의 존재라고 강조하였는데, 실존은 본질에 앞서며 실존은 주체성이라는 명제를 제시하였다.

그리고 인간의 의식과 자유의 구조를 밝히고 실존의 결단과 행동의 책임과 연대성을 주장하였다. 도구와 같은 존재에 있어서는 본질이 존재에 앞서지만, 개별적 단독자인 실존에 있어서는 존재가 본질에 앞선다고 강조하였다. 또 인간은 우선 실존하고 그후에 자기가 자유로운 선택과 결단의 행동을 통해서 자기 자신을 만들어 간다고 주창하였다.

사르트르는 세계 평화의 문제에 대해서도 깊은 관심을 가지고 발언과 평론을 통해, 소련의 공산주의에 대해서도 날카로운 비판을 서슴지 않았는데 《유물론과 혁명》 《변증법적 이성비판》 등이 그것을 잘 말해준다.

사르트르는 철학과 문학을 평면적인 것으로부터 행동적인 것으로 이끌어 낸 행동하는 지식인이었다. 그러한 그의 철학적 사상과 문학은 그를

프랑스를 대표하는 최고의 지식인의 반열에 오르게 했고, 무게 있는 지적
활동을 통해 자신의 역량을 유감 없이 발휘한 철학가로 평가받는다.

프랑스를 대표하는 최고의 지식인의 반열에 오르게 했고, 무게 있는 지적
활동을 통해 자신의 역량을 유감 없이 발휘한 철학가로 평가받는다.

CHAPTER
4

배움의 가치를 높이다
― 세계 학문 ―

01 하부루타

유대인 경전《탈무드》

유대인은 둘 이상이 모여 공부를 한다. 이른바 토론식 학습법이다. 유대인이 토론식 공부에 정통한 것은 어린 시절부터 질문을 하고 질문에 답하는 것에 익숙해졌기 때문이다. 이를 하부루타Chavruta 라고 한다. 이는 '우정', '동반자 관계'를 뜻하는 아람어로 '친구', '동반자'를 뜻하는 하버Chaver 에서 유래했다. 유대인의 전통 교육방식인 토론식 공부는 《탈무드》와 〈토라〉 등도 예외가 아니다. 그들이 하는 모든 공부는 토론식으로 진행된다.

질문을 하고 질문에 답하는 토론식 공부는 상대방의 생각과 자신의 생각을 비교함으로써 서로의 생각을 배우게 되고, 그러는 가운데 이야기하는 방법, 곧 대화법도 계발된다. 또한 창의적인 생각을 공유함으로써 개인의 발전은 물론 전체를 생각하고 위하는 마음이 싹트게 된다. 유대인이 응집력이 좋은 것은 어린 시절부터 서로의 생각을 배우고 서로를 존중하는 마음에 있다고 하겠다.

토론식 공부를 통해 논리력이 향상되고, 잘 정리된 논리력은 대화와 논쟁을 하는 데 있어 큰 도움이 된다. 토론식 공부는 주입식 공부법의 맹점인 비창의적이고 비주도적인 학습을 창의적이고 주도적인 학습으로 이끌어내는 선진적인 학습법이다.

20세기의 최고 물리학자인 앨버트 아인슈타인은 유대인 후손으로 유대인 전통학습법인 하부루타 교육을 받았으며, 미국 국무부장관으로서 외교의 달인으로 불리며 한 시대를 풍미했던 헨리 키신저는 자신만의 색깔을 지닌 토론의 귀재였다. 이처럼 토론식 학습법이 유대인에게 긍정적인 영향을 미치는 것은 바로 '토론'을 통해 창의력은 물론, 논리력을 키울 수 있기 때문이다. 이런 관점에서 볼 때 유대인의 전통 학습법인 하부루타, 곧 토론식 학습법은 매우 큰 의미를 지닌 유대인만의 독창적인 교육법이라고 할 수 있다.

02 절대주의 사회교육

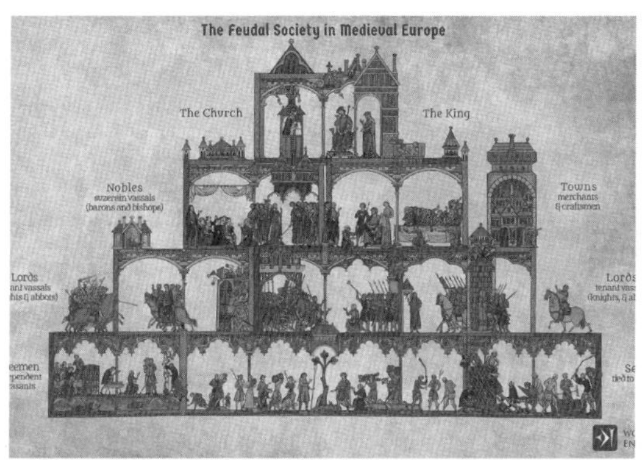

봉건사회의 구조도

절대주의 사회는 봉건사회에서 근대 시민사회로 이행하는 과도기인 17세기에서 18세기에 나타났다. 이 시기는 봉건주의 최종단계인 동시에 자본주의 사회의 시초가 되는 단계였다. 봉건주의 세력과 부르주아 세력이 상호 균형적으로 정치, 경제에 참여했던 반봉건적이며 반부르주아적인 이중적 특징을 지닌 사회였다. 절대주의 사회의 교육은 절대주의 체제를 유지 및 강화하기 위하여 중요시되고, 국가적인 학교 체계를 목표로 한다. 그렇게 하기 위해 교회가 갖고 있던 교육의 주도권을 국가에 이관하기 위해 교육권 투쟁도 전개되었다.

국가가 교육 주도권을 갖게 되자 교육내용도 전통적인 고전중심, 인문중심, 종교중심에서 점차적으로 세속화되었으며, 교육제도도 근대적으로 개편되었다. 초기 절대주의 사회의 학교제도는 절대군주의 근간인 귀족 자제의 교육이 중심이었다. 서민교육이나 민중교육은 아예 생각지도 않았다.

중앙집권제도의 정비와 상비군의 강화에 의한 영토확대 정책의 추진에 따라 지적 수준이 높고 교양 있는 고급 승직자昇職者, 관료, 장교를 양성하기 위한 정비가 시작되었다. 그러나 일반 민중의 교육적 요구가 증대함에 따라 점차 민중교육 기관도 정비되어 근대적인 공교육 제도와 초등 의무교육제도가 생겨났다. 여기에 특권 귀족의 교육기관으로 중등, 대학과 민중 교육기관으로 초등학교의 복선형적인 교육제도가 나타났으며, 이 복선형적인 교육제도는 유럽 교육제도의 전통이 되었다.

계몽주의 교육

존 로크(1632~1704) 영국
철학자이자 정치사상가

계몽주의란 전통의 속박에서 벗어나 자유로운 지식을 보급하고, 사회를 무지한 상태에서 벗어나게 하려했던 합리주의적인 유럽 사상을 말한다.

이 사조는 18세기 유럽을 지배한 사상으로, 자유롭게 자각된 개인의 지성 존중의 정신을 전제조건으로 했고, 지식의 근원을 책에서가 아니라 자연에서, 전통에서가 아니라 경험을 통해서, 고전에서가 아니라 관찰과 실험을 통해서 구해야 한다고 영국의 사상가 베이컨과 존 로크는 주장했다. 이 사조는 유럽 전역에 퍼져 18세기에 절정을 이루었던 광범위한 사상적인 운동이자 사회운동이었다.

계몽사상가들은 인간은 교육에 의해서 사람의 지혜가 열리고 문화가 발달할 수 있고, 개명된 자태에 따라 오래된 폐단을 타파하고 사회를 밝게 하는 동시에 보다 합리적인 사회로 진보시킬 수 있다고 믿었다. 교육의 가능성과 교육에 의한 사회개조 및 역사적 진보의 가능성을 확신한 계몽사상가들은 사회개조나 역사적 진전의 근원은 인간의 이성을 발달시키는 데 있다고 굳게 믿었다. 계몽사상의 교육목적은 추리능력을 길러서 이성의 자유를 속박하는 종교, 정치, 사회의 모든 권력적 구속을 제거하는 것이었다.

다시 말해 인간은 자기 스스로 생각하고, 모든 사물을 그들 자신의 이성의 힘으로 판단할 수 있도록 하는 데 목적을 두었다. 또한 궁극적 목적은 모든 속박에서 인간의 이성을 해방시키는 데 있었다. 이러한 목적을 달성하기 위한 교육내용은 합리적인 것만으로 구성하여 철학이 가장 가치 있는 학과목으로 인정되었다.

　철학이나 과학, 정치, 경제, 미술, 문학, 사교상의 예법 등을 주요
한 교육내용으로 하는 대신에 종교와 실제생활의 현실은 채택하지 않
았다. 그런 까닭에 이지적인 면에만 특별한 관심을 갖고 감정적인 면은
모두 무시하였던 것이다.

04 자연주의 교육

장 자크 루소(1712~1778)
프랑스 사회계약자이자
계몽주의 철학자

자연주의 교육사상은 18세기에 전개된 현대 교육의 특징인 심리학적이며, 과학적이고 사화학적 경향의 기저가 되는 학설이다. 자연주의 교육사상은 다른 어떤 교육운동보다도 인간교육의 실제적인 정신, 목적, 성격에 많은 영향을 주었다.

자연주의의 핵심을 크게 두 가지로 본다면,

첫째, 감각적 실학주의의 계승임과 동시에 19세기 심리적 계발주의의 선구가 되었다. 이는 자연에 일치하는 교육으로, 교육과정에 대한 자연법칙의 발견, 형성, 응용을 기본으로 한 것이다. 자연에 일치하는 교육을 한다는 것은 인간의 발달을 자연법칙에 합치하도록 하는 교육을 뜻하는 것으로, 개인을 교육하는 방법을 알려면 그 개인적인 성장에 대한 이해가 필수요인이 되고, 교육목적이나 교육과정은 피교육자의 신체적 성장의 특성을 연구하여 그에 합치시켜야 한다는 것이다.

둘째, '자연으로 돌아가라'고 한 루소의 주장이 의미하듯 인위적인 모든 것을 부정하고 자연적인 것으로 돌아가는 교육을 주창한다. 그래서 자연주의는 아동에 대한 인위적인 훈련을 공격하고, 아동의 자연스러운 자발성을 억압하고 아동을 인형처럼 다루는 모든 인위적인 것을 비난하였다. 이뿐만 아니라 아동을 보모나 가정교사에게 맡기는 당시의 풍조에 대해 비판하고, 단순한 농가생활과 자연스러운 아동의 양육으로 돌아가라고 주장하였다.

자연주의는 인간의 선한 천성과 덕성을 잘 보존하고, 본래 개인의 권리를 인정하는 사회형성을 목표로 하여, 모든 사람이 자연적·기본적 미덕인 평등, 우애, 자유를 누릴 수 있는 사회를 건설하는 것을 교육의 궁극적인 목적으로 삼았다. 또한 자연주의 교육은 방임과 불간섭으로 해야 한다고 하여, 인위적인 사회의 모든 죄악을 방어할 아동의 선한 천성이 자유롭게 발전할 수 있게 함을 목적으로 하였다.

05 바제도의 교육사상

베른하르트 바제도(1724~1790)
독일 교육개혁가.

독일의 교육개혁가 요한 베른하르트 바제도는 루소의 교육사상서《에밀》을 읽고 크게 감동하였다. 그는 기금을 마련하여 1774년 범애汎愛 학교를 설립하고 자연주의 교육사상을 실천하였다. 바제도의 교육사상은 100여 개의 삽화를 넣은《초등교수서》에 잘 나타나 있다. 이 책은 루소의《에밀》과 더불어 자연주의 교육발전의 기초를 이루었다.

그는 국가의 행복은 시민의 덕성에 달려 있고, 시민의 덕성은 교육에 의해서 형성된다고 보았다. 그러므로 학교는 국가의 지도감독 하에 있어야 하며, 시민교육의 진흥은 유능한 교사에 의해 이루어지는 관계로 유능한 교사의 양성이 우선 되어야 하며, 교육개선의 제1의 조건은 좋은 교수서教授書의 출판에 있다고 주장하였다.

바제도의 교육목적은 아동으로 하여금 공익에 힘쓰게 하고, 애국적이고 행복한 생활을 할 수 있게 준비시키는 데 있었다. 그는 교육방법에 대해서는 루소와 로크 둘 다 통하는 점이 많았다. 또한 훈육에 있어서는 자유를 존중하여 아동을 위협하지 말고 선량한 모범을 보이는 것이 가장 좋은 방법이라고 하였으며, 체육은 단련주의를 주장하였다.

바제도는 교수방법으로서의 학습을 강제로 시켜서는 안 된다고 주장하며 교습법의 3가지 법칙을 제시했다. 첫째, 많이 가르치지 말고 유쾌하게 배우도록 해야 한다. 둘째, 많이 가르치지 말고 초보적인 학습에서 적당한 순서로 배우도록 해야 한다. 셋째, 많이 가르치지 말고 참으로 유익한 지식만을 가르쳐야 한다.

06 교육이론

장 자크 페스탈로치
(1746~1827) 스위스
사상가이자 교육학자

교육과 학습의 목적 및 적용, 해석에 대한 이론을 교육이론이라고 한다. 교육이론의 역사는 그리스의 교육가들과 학자들에서 시작되었다. 또한 18세기 이후의 교수와 성인 교육학을 포함한다.

20세기에 와서 이론은 교수, 평가, 교육법에 대한 다양한 학술적 접근을 포괄한다. 교육의 이론과 실제는 교육환경 속에서 일어나는 현상을 연구대상으로 삼는다. 교수에 대한 접근으로써 실제적인 활동방법은 이론적인 탐구가 행복보다 더욱 영향력이 있다.

교육사상가로서 교육개혁에 기여했던 페스탈로치나 프뢰벨, 몬테소리는 이론적인 교수보다는 교훈이나 실제적인 문제해결의 업적에 크게 기여했다. 교육현상에서는 전통적으로 실제적인 행동에 먼저 주의를 기울여, 현실적으로 평가해서 효력이 나타나면 만족하였다. 그러나 결과적으로는 이론에 대한 탐구의 필요성이 등한시되어 순수한 교육이론은 발전되지 못하고 비슷한 다른 학문에서 발달된 이론을 좁은 범위에 적용시키는 정도였다.

현대에 와서는 교육의 실제에 대한 연구와 이를 설명하기 위한 이론적 구조를 형성하기 위한 노력이 지속되어, 교육적인 사상들을 설명하고 그 인과관계를 밝혀 보기 위해서 일반화와 법칙, 공리와 정리 등을 엄격하게 다듬어서 정의하였다.

교육이론은 사회과학의 이론으로서 교육환경에서 적용되는 범위와 한계, 대상 등의 한정된 영역을 갖고 있으며, 모든 교육현상에 근거한

개념체계를 형성한다. 이러한 개념체계에서 개념 상호 사이에 유기적
인 관계가 성립되어 교육이론을 정립하며, 교육현상에 대해서는 기술,
예언, 설명, 통제 등 이 네 가지의 기능을 발휘한다.

07 존 로크의 교육사상

존 로크(1632~1704)
영국 계몽주의 선구자,
철학자이자 정치사상가. 대표
저서 : 《인간 지성론》《통치론》

존 로크는 영국의 경험주의 철학자로 교육에 있어서도 탁월한 식견을 갖고 있었다. 그는 신사의 양성을 교육목적으로 보고, 신사가 구비해야 할 기본적인 요소는 신체적·도덕적·지적인 면을 모두 갖추는 것이라고 하여 지, 덕, 체의 교육론을 폈다.

존 로크는 '건전한 신체에 건전한 정신'이라는 표어 아래 단련주의에 입각한 체육론을 제시하고, 건전한 신체를 기르기 위한 여러 가지 유의사항을 나열하였다. 덕육론에 있어서 그는 덕육의 목적을 자신의 욕망을 억제하고 이성에 따라 행동하도록 하는 데 두었다. 지육론에 있어서는 서적에 의한 학습을 거부하고 주지주의 지성이나 이성을 의지나 감정보다도 우위에 두는 입장 에 대하여 경멸하는 태도를 취했다.

학식이 풍부한 사람이라도 덕이 없으면 사회적으로 존경을 받지 못하기 때문이었다. 존 로크에게 있어 지육의 목적은 신사에게 필요한 교양의 일부요소로서, 오직 덕을 높이는 수단으로서의 지식을 체득하는 것이었다. 그의 교육사상은 일면으로는 실학주의 사상에 입각한 실용적인 전인교육을 주장한 것으로, 한편으로는 이성만능의 합리주의와 경험론에 형식도야설을 주장한 것이다.

존 로크는 기존의 암기식, 주지주의적 교육을 지양하고, 체육을 가장 우위에 두었으며, 덕육의 함양을 위한 훈육 중시의 교육을 강조하였다. 그의 교육사상은 영국 신사교육의 이상이었으며, 귀족교육의 토대가 되었다.

08 루소의 교육사상

장 자크 루소(1712~1778)
프랑스 자연주의 교육사상가

장 자크 루소는 자연주의 교육사상의 대표적인 사상가이다. 그의 교육철학과 사상은 그의 대표 저서인 《에밀》에 잘 나타나 있다. 그는 인간을 교육하는 세 가지 주체를 자연, 인간, 사물로 보고 사람의 능력을 내부로부터 발전시키는 것은 자연교육이다.

이 교육을 어떻게 이용할 것인가를 가르치는 것은 인간의 교육이고, 우리가 접촉하는 주변의 사물에 대한 경험을 얻는 것은 사물의 교육이라고 하였다. 그리고 이 세 가지의 교육이 서로 어긋날 때 그릇된 인간이 형성되고, 조화를 이루어 동일한 목적에 집중될 때에 사람은 비로소 완전한 교육을 받게 된다고 말했다.

루소는 교육을 소극적인 것으로만 보아 교육이 적극적으로 사람의 성장에 간섭하는 것은 부당하다고 주장하였다. 루소가 말하는 소극적인 교육이란 자연성의 내적발전을 방해하는 모든 것을 저지하고, 인위적인 영향을 가하는 것을 피하는 교육을 뜻한다. 그런 까닭에 교육은 도덕이나 진리를 가르쳐 주는 것이 아니라, 어린이의 마음이 악이나 옳지 못한 정신에 침해되지 않도록 보호해 주는 것이어야 한다고 말했다. 루소의 자연주의 교육은 교육방법론적으로 볼 때 중요한 계기가 되었다.

그는 자연적인 교육방법을 강조했다. 어린이들에게 그들은 그들의 생리상 필요한 모든 것을 충족시켜 주는 반면, 모든 간섭을 자제하고, 운동을 자유롭게 시키고, 자발적으로 활동하도록 하는 교육이 필요하다고 강조했다. 루소의 교육사상이 근대 교육사상에 끼친 영향은 실로 크며, 특히 교육방법에 있어서의 아동중심, 개인존중, 개성존중, 생활

중심, 활동중심 등은 교육의 방법과 개혁에 커다란 진보적 변화를 준 것
으로 평가받는다.

중심, 활동중심 등은 교육의 방법과 개혁에 커다란 진보적 변화를 준 것
으로 평가받는다.

09 교육심리학

버러스 프레더릭 스키너
(1904~1990) 미국 심리학자

교육심리학이란 교육에 직접 관련된 심리학의 응용분야로서 심리학의 원리나 방법을 교육에 적용하고 응용하는 학문을 말한다. 교육심리학에 있어 교육학은 예상 불가능한 교실을 배경으로 하고, 심리학은 통제된 실험실을 배경으로 한다.

심리학은 인간행동에 관한 과학적 연구를 하는 학문이며 인간의 정신생활의 법칙을 탐구하려는 것이기 때문에, 인간의 형성을 직접적인 목표로 삼고 있는 교육에는 가장 밀접하게 관련 되어 있다. 뿐만 아니라 교육현상에는 교육이라는 장과 교육활동에 있어서 그 자체의 독특한 문제와 연구영역이 있기 때문에, 교육심리학을 교육이라는 장에서 제기되는 문제를 심리학적인 입장과 방법에 의하여 해결하고자 하는 학문이라고 할 수 있다.

이런 점에서 교육심리학은 어린이가 출생해서 성인이 될 때까지 교육적인 발달이 진전됨에 따라 개인의 학습경험을 기술하고 설명해 주는 과학적 심리학이라고 할 수 있다. 또 교육심리학은 교육활동에 있어서의 어떻게, 언제의 질문에 응답하는 것이 그 임무라고 할 수 있다.

그런 까닭에 교육심리학을 성립시키는 조건은 교육이 제기하는 문제와 현대 심리학이 제시하고 있는 원리와 방법의 두 가지가 된다. 그러므로 교육심리학을 연구하려는 사람은 현재 교육의 특성과 그것이 심리학에서 해결을 구하고자 하는 문제를 알고, 한편으로는 현대 심리학의 입장과 방법을 알 필요가 있다.

행동주의의 대표적인 학자인 스키너는 성장과 발달, 학습, 성격과 적응, 측정과 평가, 교수와 지도의 분야로 분류하였으며, 게이치는 발달, 학습, 측정과 평가, 성격과 적응으로 분류하였다. 또한 크론바흐는 모든 행동과정을 학습이라는 관점에서 다뤘다. 이렇듯 교육심리학은 교육의 과정에서 일어나는 문제를 심리학적 측면에서 연구하여 그 방법을 제시함으로써 교육의 효과를 극대화하려는 학문이다.

10 본질주의 교육

월리엄 챈들러
베글리(1874~1946)
미국 본질주의 교육자

본질주의 교육이란 사회의 전통적인 문화내용 가운데 본질적인 지식, 법칙, 기능을 발견하여 다음 세대에 전달하는 것을 중시하는 교육사상이다. 본질주의 교육은 진보주의 교육학에서 아동의 흥미와 개성을 중시하는 교육철학을 말한다가 아동 중심 교육으로 치우치는 데 대해 절충적 입장을 취하고 있다. 교육내용으로는 개인적 경험보다 민족적 경험이 포함된 전통적 교육과정을 중시한다.

교육방법으로는 첫째, 이해보다는 습득을 중시하고, 둘째, 학생의 자율적 학습보다는 교사의 지도를 중시하고, 셋째, 자유보다는 훈련을 중시하고, 넷째, 학생의 일시적 흥미보다는 노력을 강조한다.

대표적인 학자로는 월리엄 챈들러 베글리가 있다. 그는 진보주의 교육이 개관적·전통적 문화를 경시하고 지나친 아동의 자유와 개인적 욕망만을 존중하는 방임주의를 취하기 때문에 사회에서 요구하는 기본적 학력을 배우는 데 많은 결함과 지체현상이 나타나고, 그에 따라 범죄와 이혼율이 증가하고 정치적으로는 부패한다고 주장하였다.

베글리는 1938년 미국 교육의 향상을 위한 '본질주의 위원회'를 발족하여, 본질주의 교육운동을 본격적으로 시작하였다. 그의 이러한 노력은 현대 교육이 간과할 수 있는 전통적인 문화와 객관적 교육에 대해 일깨우는 데 큰 공헌을 하였다. 베글리는 1908년부터 1917년까지 일리노이대학 교수를 지냈으며, 1940년 퇴직 때까지 컬럼비아대학교 교육학 교수로 지냈다. 그의 대표 저서로는《교육과정》《교육적 가치》《학교 훈련》등이 있다.

진보주의 교육

존 듀이(1859~1592)
미국 교육자이자 심리학자

　진보주의 교육이란 아동의 흥미와 개성을 중시하는 교육철학을 말한다. 영국의 경험론과 공리주의, 찰스 다윈의 진화론과 결합에 의하여 이루어진 실용주의에 기반을 두고, 전인적 인간육성을 목표로 한다. 다음은 진보주의 교육에서 중시하는 교육방법이다.

　교육방법의 핵심은 첫째, 집단적 활동으로서의 회의와 협의 및 계획과 참여 등 사회화의 방법을 중시하고, 둘째, 지적 경험과 실제적 경험 그리고 사회적 경험과 미적 경험, 정의적 경험 등 다양한 경험적 방법을 중시하고, 셋째, 지식과 이해. 기능, 태도, 흥미 등의 종합적 학습방법을 중시한다. 넷째, 자주적이고 능동적인 학습을 위해 아동 자신이 문제를 선택하고 계획하여 실행하고 평가하는 문제법과 구안법을 중시한다.

　진보주의 교육의 대표적인 학자로는 존 듀이가 있다. 그는 미국의 철학자이자 교육자이며 심리학자이다. 그는 미네소타대학교와 미시건대학교에서 철학교수를 지내고, 1894년 시카고대학교에서 철학과 심리학, 교육학의 학부장을 역임했다.

　존 듀이는 교육은 미래생활을 위한 준비가 아니며, 생활 그 자체로서 생의 시초부터 살아 있는 동안 계속되는 생활과정 그 자체로 첫째는 아동의 매일 매일의 생활을 통한 성장이며, 둘째는 아동의 생활경험이 계속적으로 재구성되는 과정이라고 주장했다.

　또한 교육목적도 교육은 생활의 과정이지 성인생활의 준비가 아니기 때문에 교육과정을 관찰하면서 교사의 논리적이고, 체계적인 설명보다는 아동 스스로 주체가 되어 자발적 학습으로 지식과 태도를 종합적으로 습득하는 방법을 적극 장려한 것으로 유명하다.

보다는 아동 스스로 주체가 되어 자발적 학습으로 지식과 태도를 종합적으로 습득하는 방법을 적극 장려한 것으로 유명하다.

12 역진행 수업

에릭 마주르(1954~) 미국
물리학자

역진행 수업이란 학습자가 필수 개념을 온라인으로 미리 학습한 후 오프라인에서는 교수와 학습자의 토론을 위주로 진행하는 수업방식을 말한다. 이를 좀 더 부연한다면 역진행 수업은 혼합형 학습의 한 형태로 정보기술을 활용하여 수업에서 학습을 극대화할 수 있도록 강의보다는 학생과의 상호작용에 수업시간을 더 할애하는 수업방식이다.

1990년 동료교수법을 개발한 하버드대학교의 에릭 마주르 교수는 컴퓨터를 활용하여 수업을 진행하면서 강의를 하는 대신 수업내용을 코칭할 수 있다는 것을 알게 되었다. 그 결과 그와 그의 조교는 컴퓨터를 활용한 강의 전달과 코칭을 하지 않았으면 발견할 수 없는 몇 가지의 오해들을 다룰 수 있게 되었다. 그리고 그는 컴퓨터는 곧 교육의 필수적인 요소가 될 것이라고 말했다.

전통적인 수업방식에서 학생들은 수업 시간에 다룰 교재의 내용을 미리 읽어보는 것이 권장되었으며 교재의 내용은 다음날 수업 시간에 다루어졌다. 수업을 마친 후 학생들은 학습내용을 잘 이해했다는 것을 보여주기 위해 숙제를 해야 했다.

그러나 역진행 수업방식은 이와 반대이다. 학생들은 수업에 앞서 수업내용을 교수자가 제공하는 자료를 통해 학습하고, 교실에서의 수업은 실제적인 과제를 연습하거나 문제 풀이를 통해 지식을 적용하게 된다. 이때 교수자는 문제풀이가 안 되거나 과제가 어려운 학생들은 도와준다. 그런 까닭에 개별화 수업, 프로젝트 중심 학습 등과 같은 학습자 중심 활동시간을 포함시킬 수 있다.

　　역진행 수업은 사람들의 우려에도 교수자와 학생들 사이에 상호작용을 하는 데 매우 유리하고 효과적일 수 있다. 그래서 이를 적절히 잘 활용한다면 학생들의 수업을 도움으로써, 학습효과를 높이는 데 매우 긍정적일 수 있다는 것을 간과하지 말아야 한다.

13 페스탈로치의 교육사상

요한 하인리히 페스탈로치
(1746~1827) 스위스
교육학자이자 사상가

교육의 개혁자이자 사상가인 요한 하인리히 페스탈로치의 교육이론은 교육의 실천을 통한 비범한 관찰력으로 아동의 내면에 깊이 자리 잡고 있는 인간성을 직관하고, 그것을 사랑하고 믿고 기르고 드러내는 등의 끝없는 교육정신이 원천을 이룬다. 그를 참된 교육사상가이자 실천자로 온 세상 사람들이 높이 추앙하는 것은 그의 그러한 교육정신을 높이 평가하기 때문이다.

페스탈로치의 교육이론의 핵심은 인간성이다. 그것은 모든 사람에게 한결같이 선천적으로 주어지는 것인 동시에 환경의 자극을 받아서 밖으로 뻗어나가는 힘을 지닌 것이다. 그는 교육의 이상이 바로 그러한 인간성을 개개인의 어린이에게 계발하는 일이라고 믿었다. 그는 당시 지배계급의 전제와 부패, 타락을 공격하고 민중을 진실로 행복하게 하는 사회의 필요성을 강조하고, 그것을 위한 생활주의의 교육을 제창했다. 그는 순수한 인간성을 향해서 인간의 도덕적·지적·신체적인 내적 능력을 조화롭게 발전시키는 것을 생활교육의 목적으로 생각했다.

페스탈로치는 인간에게는 무엇보다도 정신적인 보이지 않는 내면의 근본력이 있는데 교육은 이 인간정신의 근본력을 북돋우고 드러내는 일이며, 그것을 방해하고 억압하는 교육은 아무리 유용한 지식과 기술을 전달한다고 하더라도 참된 교육은 아니라고 보았다. 또한 그는 교육을 사회개혁의 수단으로 생각했다.

페스탈로치의 교육사상의 특징은 구체적·전체적·체험을 교육의 원리로 삼는 것이었다. 지식교육, 기술교육, 도덕교육, 그 어느 것을 막론하고 구체적 · 개별적 · 경험을 통하여 보편적 이념의 실현을 시도했던 것이다.

계발주의 교육

요한 프리드리히 헤르바르트
(1776~1841)
독일 철학자이자 심리학자,
교육학자

계발주의 교육이란 소크라테스의 교육방법에 의한 진리발견의 교육방법을 그 근원으로 하고 있다. 이 교육을 인간양육으로 보는 합리주의 또는 형식도야주의와 자연성장으로 보는 자연주의 교육사상을 종합하고 절충하려는 성격을 지닌다.

이는 아동연구에서 쌓은 심리학적 지식을 기초로 하여 아동의 내부적 여러 능력의 계발을 지도하고 조성하는 것을 강조하며, 머리와 손과 마음 등에 내재한 여러 능력의 조화적 계발, 도덕적 품성의 계발, 아동의 선천적 능력의 계발 등을 교육의 목적으로 한다.

이와 같은 교육의 목적, 내용, 방법은 계발주의 교육자에 따라서 그 강조점이 다르지만, 일반적으로 다음과 같은 점에서 공통된 주요 특색이 있다. 이를 구체적으로 살펴보자.

첫째, 아동을 성인의 축소판으로 보지 않고 그때그때 충실히 몸과 마음을 닦고 길러야 할 존엄한 존재로 본다.

둘째, 아동들의 심리에 기저를 둔 교육을 역설하여 도야 내용에만 주의할 것이 아니라, 도야 대상인 아동의 본성과 심리상태를 연구하여 그에 적합한 교육을 할 것을 강조한다.

셋째, 자연주의적 원리의 발전으로서 코메니우스와 루소의 교육사상을 아울러 발전시키는 것이다.

넷째, 노력할 때에 흥미, 발전이 있고, 흥미가 있을 때 노력을 집중적으로 하게 된다.

다섯째, 교육은 발전의 과정이며 그 발전에 있어 가장 중요한 것은 그 초기이므로 중등교육이나 고등교육보다 초등교육에 관심의 초점을 두어 초등교육의 개선에 지대한 노력을 기울였다.

또한 학습지도의 개선, 교사양성의 중시와 교육과정 전반에 관한 이해의 촉진 등 교육의 외부적인 면보다 내부적인 상태의 쇄신에 노력했다는 점 등이다. 계발주의 교육을 심리적 교육설 또는 발달주의교육이라고도 하는데, 이 교육사상의 대표적인 인물로는 페스탈로치와 헤르바르트 그리고 프뢰벨을 들 수 있다.

15 실학주의

프랑수아 라블레(1494?~1553)
프랑스 인문학자이자 사상가

실학주의란 문예부흥 이후 교육사상의 주류를 이루고 있던 언어주의와 형식주의를 벗어나 모든 교육을 현실적으로 생활과 관련 지으려고 했던 교육운동을 말한다. 실학주의는 고전의 암기나 어법과 문법에 치중하는 교육은 현실생활과는 유리된 것이므로 교육을 현실에 부합시키고 실제 생활에 수반되는 여러 가지 사회적 의무에 대하여 학생이 더욱 잘 적응을 할 수 있도록 교육하고 훈련하고자 하는 것이다.

16세기의 인문주의는 고전과 그 언어의 형식을 지나치게 존중하는 형식화된 인문주의에 빠지고 말았지만, 17세기에 와서는 내용을 존중하고 현실과 실물의 직관을 통해 우리의 실생활에 필요한 지식을 가르침으로써 현실생활에 필요한 유능한 인물을 양성하려는 실학주의가 나타났다. 다시 말해 16세기에 나타난 새로운 과학적 방법과 철학적 방법의 결합은 과학과 철학에 중요한 영향을 끼쳤으며, 교육의 발달에도 큰 영향을 주었던 것이다.

실학주의는 인문적 실학주의, 감각적 실학주의, 사회적 실학주의의 세 가지 유형으로 구분된다.

첫째. 인문적 실학주의는 인문주의적 색채를 띠고 있는 실학주의로서 고전을 배운다는 점에서는 인문주의 교육과 같으나, 고전을 배워 실제적인 생활에 이용한다는 뜻에서 실학주의적 성격을 가지고 있는 것이다.

둘째, 사회적 실학주의는 고전을 통한 교육을 받게 하고 사회생활의 경험을 교육의 내용으로 해야 하는 것이다. 다시 말해 사회 안에서 생활하는 인간의 사회관계를 중요시하고 세정에 밝은 사람의 양성을 교육 목적으로 하였다.

셋째, 감각적 실학주의는 과학의 발달에 의한 자연과학의 지식과 연구방법을 교육에 도입하여 인간생활의 향상을 꾀하고자 하는 것이다. 다시 말해 실물이나 표본, 그림과 같이 감각할 수 있는 구체적인 사물을 교재로 택해 교육함으로써 참된 지식을 얻게 함인데 이를 과학적 실학주의라고도 한다.

16 인문학

인문학의 부흥기 르네상스

인문학은 인간의 언어, 문학, 예술, 철학, 역사 등을 연구하는 학문이다. 이를 좀 더 부연한다면 인간과 인간의 근원문제, 인간과 인간의 문화에 관심을 갖거나 인간의 가치와 인간만이 지닌 자기표현 능력을 바르게 이해하기 위한 것이다. 또한 이를 과학적인 연구방법에 관심을 갖는 학문 분야로서 인간의 사상과 문화에 관해 탐구하는 학문이기도 하다.

서양에서 인문학에 대한 연구는 고대 그리스까지 그 범위가 아주 넓고 깊다. 로마시대에는 음악, 기하, 산술, 천문과 함께 문법, 수사, 논리를 포함한 7가지의 인문적 학문의 개념이 생겨났다. 이들 과목은 중세 교육에 있어 중요한 인문학의 중심이 되었는데, 르네상스 시대에 하나의 중요한 전환이 발생되었다. 그것은 인문과학이 전통적인 분야부터 문학과 역사와 같은 분야로의 전환에 상응하는 실용적이기보다는 오히려 학문적인 과목으로 간주되기 시작했던 것이다.

인문학의 분야에 대해 간략히 살펴보자.

첫째, 고전학은 고전고대의 문화, 그러니까 그리스와 로마 문화를 일컫는다. 고전연구는 인문학의 토대가 되었다.

둘째, 역사학은 인간과 사회, 제도, 시간의 흐름에 따라 변해온 것에 대한 연구와 해석 및 재창조를 위한 학문이다.

셋째, 언어는 근대와 현대에 있어 인문학의 연구의 핵심이다. 문학은 언어예술이며 문예이다. 문예학은 예술학의 핵심이며 인문학의 중심 학문이다.

넷째, 음악은 소리예술이자 시간예술이다. 음악은 인간의 정신과 밀접한 예술로 인간의 이성과 감성의 조화의 산물이기 때문에 음악의 역사라든가, 이에 대한 탐구는 인문학의 필수이다.

다섯째, 철학은 세계와 인간과 사물과 현상의 가치와 궁극적인 뜻을 향한 본질적이고 총체적이다. 또 현대 철학은 언어철학과 논리학에 큰 비중을 둔다.

이 밖에도 공연예술학, 연극, 무용, 종교학, 미술사학 등을 들 수 있다.

17 사회학

오귀스트 콩트(1798~1857)
프랑스 철학자이자 사회학자

사회학이란 사회관계의 근본 원리를 탐구하고 사회의 조직이나 구성상의 여러 특징을 연구하는 학문을 말한다. 사회학은 방법론이나 탐구하는 주제로 볼 때 매우 광범위한 학문으로서 사화과학의 한 분야로 다루어지기도 한다. 하지만 사회학이란 이런 것이다라고 단정지어 말하는 것은 쉬운 일이 아니다. 그만큼 탐구대상이 많은 학문이기 때문이다.

사회학은 근대 사회의 과학적 자각으로 생겨난 학문으로, 사회학이란 명칭은 프랑스의 철학자이자 사회학자인 오귀스트 콩트가 그의 저서 《실증철학강의》에서 처음 사용하였다. 그후 영국의 사회학자이자 철학자인 허바트 스펜서에 의하여, 그리고 독일에서는 사회학자이자 법학자인 로렌츠 폰 슈타인에 의하여, 미국에서는 워드에 의하여 그 영역이 발전되었다.

사회를 인간심리의 상호적 교섭으로서 파악하는 입장은 사회학을 심간심리학이라고 본 프랑스의 사회학자 장 가브리엘 타르드에 의해 터전이 이루어졌다. 이러한 심리학적 사회학은 영국에서는 호부하우스, 미국에서는 기딩스에 의해 발전되었다. 20세기에 들어 1930년대까지는 독일과 프랑스의 사회학이 지배적이었다. 그러나 나치로 인해 독일 사회학은 쇠퇴하게 되었으며, 미국의 사회학은 상대적으로 크게 발전하였다.

그로인해 현대 사회학은 미국이 세계 중심이 되어 그 영향이 막강하다고 하겠다. 그리고 그 분야도 크게 확대되었는데 도시사회학, 농촌사회학, 산업사회학, 교육사회학, 법사회학, 정치사회학, 종교사회학 등 그 분야가 다양하다. 사회학은 내용을 실증적으로 연구한다. 이는 실증주의를 표방한 초창기 이래 사회학의 전통이기 때문이다. 정보화 사회에서의 사회학은 보다 더 포괄적이고 다양화된다는 점에서 그에 따른 연구가 지속되어야 할 것이다.

18 미학

알렉산데르 바움가르텐
(1714~1762) 독일 철학자이자
미학 창시자

미학이란 자연, 인생이나 예술작품이 가진 아름다움의 본질이나 형태를 연구하는 학문을 말한다. 이를 좀 더 부연한다면, 미학은 철학의 하위 분야로 아름다움을 대상으로 삼아 아름다움의 본질을 연구하는 학문인 것이다. 여러 학문의 상위에 위치하는 미 자체의 학문을 제창한 플라톤을 대표로 하는 서양의 전통적 미학은 초월적 가치로서의 미를 고찰한다. 미학이라는 말을 처음 사용한 사람은 라이프니츠 볼프 학파의 바움가르텐이다.

그는 그때까지 이성적 인식에 비해 한 단계 낮게 평가되고 있던 감성적 인식에 독자적인 의의를 부여하여, 이성적 인식의 학문인 논리학과 함께 감성적 인식의 학문도 철학의 한 부분으로 수립하고 그것에 '에스테티카'란 명칭을 부여했다. 그리고 미美란 곧 감성적 인식의 완전한 것을 의미함으로 감성적 인식의 학문은 동시에 미의 학문이라고 생각했다. 여기에 근대 미학의 방향이 발생된 것이다. 고전 미학은 미의 본질을 묻는 형이상학이어서 플라톤에서와 마찬가지로 영원히 변하지 않는 초감각적 존재로서의 미의 이념을 추구하였다.

그런데 근대 미학에서는 감성적 인식에 의하여 포착된 현상으로서 미, 곧 미적인 것을 대상으로 한다. 이 미적인 것은 이념으로서 추구되는 미가 아니라 우리들의 의식에 비쳐지는 미를 말한다. 그러므로 미적인 것을 추구하는 근대 미학은 자연히 미의식론을 중심으로 해서 전개되게 하였다.

　　미학은 바움가르텐의 '감성적 인식에 관한 학'의 전통을 이어 발전시킨 19세기 독일의 여러 가지 형이상학적 입장의 예술철학과, 영국의 취미론의 경험주의적 방법을 확대하여 적용시킨 과학적 방법의 예술학이라는 두 경향이 형이상학과 실증주의로 발전되었다. 현대 미학은 체계적인 예술철학, 과학적 예술학, 분석적인 비평철학의 세 가지 경향이 상호 견제 및 보완하면서 발전을 지속한다고 할 수 있다.

19 수사학

아리스토텔레스(BC 384~BC 322) 고대 그리스 철학자

수사학修辭學 이란 설득의 수단으로 문장과 언어의 사용법, 대중연설의 기술을 연구하는 학문을 일러 말한다. 수사학은 담론談論의 예술로서 고대 그리스와 로마시대 때 웅변가들에게 토론법이나 대중연설 시 여러 가지 화술을 훈련하는 데 적용하였다.

수사학의 정의는 고대 그리스 철학자 아리스토텔레스에서 유래되었는데, 그는 수사학을 논리학과 정치학을 보완하는 것으로 여겨, 어떤 주어진 상황에서도 활용할 수 있는 설득의 수단을 찾는 능력이라고 말했다.

수사학은 전형적으로는 논증의 이해와 발견, 발전을 위한 발견법을 제공한다. 고대 로마시대에 집대성된 수사학의 5대 규범은 설득력 있는 연설을 설계하는 전통 규범을 따르며, 발견술, 배열술, 표현술, 기억술, 연기술로 구성된다. 수사학은 문법과 논리와 함께 담론의 세 가지 기술 가운데 하나이다.

아리스토텔레스는 수사학의 이용법을 세 가지로 분류하였다. 첫째, 토의연설은 정치집회에서 조언할 때 둘째, 법정연설은 법정에서 셋째, 과시적 연설은 상황에 따라 남을 찬양하거나 비난하는 의식에서 사용되었다. 최근에 와서 수사학에 변화가 일어나게 된 것은 르네상스 이후 인식론이 변화한 까닭이다. 르네 데카르트와 존 로크에서 시작하여 프리드리히 니체를 거쳐 토머스 쿤 같은 근대 철학자에 이르기까지 언어의 현실에 대한 관계성이 지속적으로 변화했던 것이다.

수사학은 그리스 로마시대에 있어 대중의 설득을 위한 언어의 도구로서 매우 유용했고, 시대의 흐름을 반영하는 바로미터와도 같았다. 하지만 시대의 흐름에 따라 인식론은 변화했으며, 그에 따른 수사학도 변화되었다. 수사학은 언어의 사용법과 문장의 사용에 있어 효과적인 학문이라는 관점에서 볼 때 매우 중요성을 지닌 학문이라고 하겠다.

로서 매우 유용했고, 시대의 흐름을 반영하는 바로미터와도 같았다. 하지만 시대의 흐름에 따라 인식론은 변화했으며, 그에 따른 수사학도 변화되었다. 수사학은 언어의 사용법과 문장의 사용에 있어 효과적인 학문이라는 관점에서 볼 때 매우 중요성을 지닌 학문이라고 하겠다.

20 논리학

고트프리트 라이프니츠
(1646~1716) 독일 수학자이자
과학자

논리학이란 '논리' 및 그것과 관계된 구성과 원리를 분석하고 체계화하는 학문을 말한다. 이를 좀 더 구체적으로 말한다면, 논리학은 타당한 논증, 추론과 증명의 법칙을 연구하는 '논증의 학문'이라고 정의할 수 있다. 그리고 판단, 추리, 개념 등과 관련하여 올바른 명제를 전제로 하는 타당한 추론의 형식에 관한 '인문과학'이라고도 한다.

고전적인 논리학의 토대는 아리스토텔레스의 의해 만들어졌다. 그의 오르가논에서 올바른 추론 및 증명을 논하는 논증의 토대가 제시되었으며, 이는 수천 년 동안 서양 철학발전에 근본을 이루었다. 그리고 중세에 와서는 아리스토텔레스의 논리학을 바탕으로 라이프니츠, 오컴 등의 철학자들이 논리학에 있어 다양한 연구가 펼쳐졌다.

이후 근대에 와서는 고틀로프 프레게가 술어 논리를 고안하였으며, 주세페 페아노는 집합론을 발전시켜 수학의 논리적 기초를 세웠다. 또 현대에 와서는 체르멜로, 프렝겔 공리에 선택공리가 추가된 수학기초론을 이루었으며, 다양한 대상들을 다룰 수 있도록 하는 직관논리, 양상논리 등 새로운 수리논리학적 체계가 세워졌다.

논리학에는 형식적 논리학과 비형식적 논리학이 있다.

첫째, 형식적 논리학은 개개인의 판단이나 개념의 내용에 상관 없이 추리의 형식상 타당성만을 문제로 삼는다. 형식적 논리학은 아리스토텔레스로 대표되는 고전 논리학과 현대의 형식적 논리학은 수리논리학을 가리키는 말로 쓰인다.

둘째, 비형식적 논리학은 형식 체계에 중심을 두지 않는 논리학을 말함인데 추리 형식의 타당성뿐만이 아니라 판단이나 개념의 내용이 진리인 것 같은 인식을 얻기 위한 사고의 경로나 그 형태를 연구한다. 베이컨의 귀납적 논리학이나 칸트의 선험적 논리학, 그리고 헤겔과 마르크스의 변증법적 논리학, 존 듀이의 실험적 논리학이 그것이라고 할 수 있다.

21 마리아 몬테소리

마리아 몬테소리(1870~1952)
이탈리아 의사이자 교육자

마리아 몬테소리는 1870년 이탈리아 안코나에서 태어났다. 그녀는 초등학교 때 선생님이 들려준 이야기에 큰 감동을 받고 의사가 되기로 결심하고 13세에 '미켈란젤로 기술학교'에 입학하여 수학, 미술, 고전 문학 등을 배웠다.

1886년 우수한 성적으로 학교를 졸업한 마리아는 의과대학에 들어가기로 결심했다. 당시 이탈리아에는 여자 의사가 한 명도 없었다. 이탈리아에서는 여자의 의과대학 입학을 허용하지 않았기 때문이다. 의과대학 교수들은 토의 끝에 마리아의 입학을 허락하였다. 이유는 그녀가 얼마 버티지 못하고 스스로 그만둘 거라고 생각했던 것이다. 하지만 그 예상은 빗나갔다.

1890년 마리아는 로마대학에 입학하였다. 남자들만 있는 곳에 여자 혼자 공부한다는 것은 생각보다 어려웠다. 여자라고 무시하고 깔보며 수업을 방해하기도 했지만, 끝까지 공부한 끝에 의사시험에 당당히 합격해 의사가 되어 로마대학 정신과 보조의사로 근무를 시작하였다. 그녀가 하는 일은 정신과에 있는 어린환자 중에 교육으로 치료할 수 있는 아이를 찾아내는 일이었다.

마리아는 아이들을 돌보면서 지적장애 아이들의 교육방식을 완전히 바꿔야 한다는 것을 깨달았다. 그녀는 교육을 연구하기 위해 로마대학 교육학부에 입학해 공부한 후 1898년 국립장애인학교의 책임자가 되었으며, 1906년 로마 정부에서 위임받은 로마 빈민가 출신의 3살에서 6살 어린이 60명을 맡아 자신의 방식대로 교육하였다. 아이들은 몰라보게 달라졌고, 널리 알려졌다. 그녀가 창안한 교육법은 '몬테소리 교육법' 이다. 마리아는 1932년부터 1950년까지 세계 곳곳을 다니며 교육에 열 정을 받친 진정한 교육자였다.

스승과 제자

소크라테스(BC 470~BC399)
고대 그리스 철학자

미국의 역사학자이자 문필가인 헨리 애덤스는 "스승은 영원한 영향을 준다."고 말했다. 이 말엔 스승이 제자에게 미치는 영향이 얼마나 절대적인 의미를 지녔는지 잘 나타나 있다. 스승의 가르침을 훌륭히 받은 사람들은 자신의 분야에서 뚜렷한 족적을 남긴 사실이 그것을 증명하고 있다.

사람은 제 아무리 영특하다고 하나, 진리의 길로 이끌어 줄 스승이 없이는 저 홀로 잘 되는 법은 없다. 서양 철학의 대표적인 철학자 소크라테스는 고대 그리스 철학자이자 형이상학의 수립자인 플라톤에게 가르침을 주었으며, 플라톤은 고대 그리스 최고의 철학자이자 물리학, 형이상학, 동물학, 논리학, 수사학 등 다양한 주제에서 서양 철학의 포괄적인 체계를 창조한 아리스토텔레스에게 가르침을 주었다.

동양 철학의 대표 철학자 공자는 훌륭한 제자 칠십을 두었는데, 그 가운데 안회를 가장 아끼고 사랑하였다. 그가 공자의 가르침을 가장 잘 받아들이고 잘 지켜 행하였기 때문이다.

조선시대 성종의 총애와 신뢰를 한몸에 받았던 김종직 1431~1492. 영남학파의 종조. 사림파의 거두. 문신. 사상가. 성리학자. 형조판서. 지중추부사 은 정여창, 김굉필, 홍유손, 김일손, 이승언, 권오복, 이원을 비롯한 조광조, 이황, 이이 등 수많은 제자들을 배출하였다.

"스승이란 도를 전하는 것이 그의 본분이다. 도를 터득한 사람이 있다면 그곳에 스승이 있는 것이 된다. 나이의 많고 적음, 신분의 귀천과는 아무 관계가 없는 것이다."

이는 《문장궤범》중국 송나라 사방득謝枋得이 편찬한 산문선집 에 나오는 글귀로
'스승이란 무엇인가'에 대한 정의가 잘 나타나 있다. 스승이란 '도道'를
전하는 사람이라는 말이 스승의 본분을 함축적으로 잘 말해준다고 하
겠다.

23 프리드리히 프뢰벨

프리드리히 프뢰벨(1782~1852)
독일 교육자

프리드리히 프뢰벨은 1782년 정통주의 루터교회 목사의 아들로 태어났다. 그는 많은 친구들을 사귀며 유년과 청소년 시절을 보내고 1799년 대학에 입학해 철학을 배웠다. 철학자 프리드리히 실러에게 역사를 배우고, 프리드리히 셸링에겐 철학을 배웠지만 학비를 댈 수 없어 자퇴를 하였다.

이후 프뢰벨은 밴 베루크의 산림청에서 서기, 측량사 등을 전전하다 1805년 프랑크푸르트 암 마인 모범학교의 교사가 되었다. 그는 이베르돈에 있는 페스탈로치를 방문하고 그의 사상에 감동을 받아 2년 동인 페스탈로치에게서 배웠다.

프뢰벨은 1816년 튀링겐의 그리스하임에 일반 독일교육원을 설립하고 교육활동에 매진하였다. 그는 1826년 《인간의 교육》을 발간하고, 1833년에는 《인간교육의 개요》를 발간했다. 그리고 새로운 어린이 교육을 위해 1840년 일반 독일유치원을 설립했다. 1842년에는 유치원 여교사 과정을 개설했으며, 1844년에 《어머니와 애무의 노래》를 발간했다.

프뢰벨은 어린이의 본질을 신적인 것으로 파악했으며, 이러한 아동주의의 근거를 바탕으로 수동적이고 추종적인 교육을 주장하였다. 다시 말해 정원사가 식물의 본성에 따라 물과 비료를 주고. 햇빛과 온도를 고려하여 가지치기를 해주듯 교육자 또한 아이의 품성에 따라 아이가 성장할 수 있도록 환경을 조성하고 노력해야 한다고 말했다.

그리고 나아가 어린이가 창조활동을 하도록 해야 한다고 생각하고 그것을 실천하였다. 그는 '킨더가르텐'이라는 명칭을 고안했는데 이는

'어린이들의 뜰'이라는 말이다. 프뢰벨은 자신의 교육철학을 실천한 참된 교육자였다.

조선 전기 문인이자 문신이며 성리학자인 김종직은 늘 적극적인 자세로 학문 연구에 힘쓴 학자였다. 그는 정몽주에서 길재로, 길재에서 그의 아버지인 김숙자에게 이어진 학풍을 이어받아 크게 발전시킴으로써 영남학파의 종조가 되었으며 사림파의 시조가 되었다.

그는 수많은 제자를 길러냈는데 대표적인 제자로 김굉필, 정여창, 김일손, 이복, 권오복, 남곤, 남효은, 이원, 강희맹 등 일일이 셀 수 없을 정도로 많다. 조선 전기에서 중기로 내려오는 문신들 중 유명한 학자들은 대개 김종직의 학

김종직(1431~1492)
조선 전기 문신이자 성리학자,
영남학파의 종조로 사림파
시조. 대표 저서 :《점필재집》
《유두유록》《청구풍아》《동문수》

풍을 이어받은 제자들이다.

김종직을 따르는 제자들이 많았던 것은 그의 올곧은 정신과 뛰어난 학식, 굳은 절개 특히, 학행일치學行一致를 실천한 대학자이기 때문이다. 학행일치란 학문과 행동이 일치하는 것으로 많은 사람들이 존경심을 품고 가르침을 받기 위해 몰려들었던 것이다. 학문과 삶이 같았다는 것은 그것이야 말로 진정한 학자의 본질인 것이다.

성종은 김종직의 학문의 출중함과 올 곧은 인품을 높이 샀다. 그의 말이라면 어떤 말도 받아들여 시행할 정도로 그를 신뢰했다. 김종직에 대한 성종의 믿음은 대단했다. 김종직이 신분과 집안 배경을 가리지 않고 인재를 등용할 것을 진언하자 성종은 그대로 시행했다. 면학 분위기의 장려를 권고하자 전국에 서원, 향교, 서당을 짓는 등 적극적으로 시행하였다.

　김종직은 옳고 그름에 정확했으며 의리와 믿음을 매우 중요하게 생각하였다. 그는 올 곧은 정신과 뛰어난 학문으로 언제나 한결 같은 모습을 보이며 당파를 떠나 많은 사람들에게 존경받은 현인이었다.

참된 배움의 자세

도연명(365~427)
중국 시인, 대표 작품 :
《오류선생전》《도화원기》
《귀거래사》

중국 동진 말기에 태어나 남조의 송나라 초기에 살았던 시인 도연명은 흘러가는 청춘을 주제로 다음과 같은 시를 남겼다.

성년부중래 일일난재신 급시당면려 세월부대인

盛年不重來 一日難再晨 及時當勉勵 歲月不待人

'청춘은 다시 돌아오지 않고, 새벽은 하루에 한 번뿐이다. 좋은 시절에 부지런히 힘쓸지니, 세월은 사람을 기다려 주지 않는다.'는 뜻이다.

이는 무엇을 말하는가. 배우기에 힘쓰라는 말이다. 배움이란 평생을 해도 모자란 것이지만, 그래도 총기가 넘치고 기운이 넘치는 청춘시절 열심을 다한다면 그만큼 삶을 보다 더 자신이 바라는 대로 살 수 있기에 그것이야말로 바람직한 배움의 자세인 것이다.

도연명 또한 시간의 소중함을 깊이 깨달아 시간 낭비를 스스로도 엄격하게 다스렸다. 그는 29살에 벼슬길에 올랐지만 늘 전원생활을 동경했다. 그로부터 10여 년을 흘려보낸 뒤 그의 나이 41살에 누이의 죽음을 구실로 관직을 사임하고 낙향하였다. 도연명은 큰 벼슬을 지내지도 않았고, 뛰어난 공적을 세운적도 없지만 전원시를 개척한 위대한 시인으로 평가받고 있다.

그는 무욕의 품성으로 언제나 검소하고 소박하게 생활했다. 이처럼 그는 본질을 잃지 않는 삶을 지향했다. 그는 학문정진에 힘쓰고 노력했기에 이백, 두보, 백거이 등과 어깨를 나란히 하는 시인이 되었다. 좋은 시절 부지런히 힘쓰라는 그의 말은 '배움의 자세'를 잘 알게 한다.

26 랍비 힐렐

랍비 힐레(2000년 전)
바빌로니아 출생, 유대인 3대 랍비

힐렐은 2000년 전에 바빌로니아에서 태어났다. 그는 배우기 위해 20살 때 이스라엘로 갔다. 그 당시 이스라엘은 로마의 지배 아래에 있어 삶의 환경이 매우 열악하였다. 어쩌다 운 좋은 날은 한 닢의 동전을 벌기도 했지만, 그렇지 않은 날은 굶주린 배를 움켜쥐고 학교 지붕에 올라가 굴뚝에 귀를 대고 밤늦도록 강의를 들었다.

그러던 어느 날 그는 강의를 듣다 그만 잠이 들고 말았다. 한겨울이라 내린 눈이 그의 몸을 덮고 말았다. 다음날 아침수업이 시작되었는데 교실 안이 어두워 학생들이 천장을 쳐다보았다. 그런데 지붕에 난 창을 어떤 사람이 가리고 있다는 걸 알고는 서둘러 힐렐을 끌어내렸다. 그의 몸은 꽁꽁 얼어 있었다. 교사와 학생들의 보살핌으로 힐렐은 건강을 회복할 수 있었다.

어쩌다 지붕에 올라갔느냐는 선생님의 말에 그는 자초지종을 말했다. 그러자 그의 말을 듣고 감동한 학교의 배려로 수업료를 면제 받고 공부를 할 수 있었다. 그리고 그 일을 계기로 유대인 학교에서는 수업료가 없어졌다고 한다. 힐렐은 열심히 공부하여 랍비 요한나 벤 자카이와 랍비 아키바와 함께 3대의 현인으로 존경받는 랍비가 되었다.

"배우고자 하는 사람은 부끄러워 해서는 안 된다."

이는 힐렐이 한 말로 진정성이 넘치고 반드시 실천해야 할 일이라는 것을 교훈으로 새기게 한다. 그렇다. 그는 최악의 순간에도 포기하지 않고 최선을 다했기에 자신이 원하는 삶을 살 수 있었으며, 지금도 유대인들의 존경을 받는 현자가 되었다.

27 문답법

다비드의 <소크라테스의 죽음> (1787)

문답법은 비판적 사고력을 길러 주는 방법의 하나로 소크라테스식 대화법이라고 한다. 문답법의 주요 요소로는 비판적 질문과 적극적인 경청을 들 수 있다. 소크라테스식 대화법이란 대화를 통해서 상대방이 알고 있는 지식을 상기해 내도록 하는 것으로, 여기에는 소극적 측면인 소크라테스적 반어와 적극적 측면으로서의 산파술을 생각할 수 있다.

소크라테스적 반어는 대화의 상대자에게서 로고스를 끌어내 무지의 자각, 아포리아에로 유도하는 소크라테스의 독특한 무지를 가장하는 태도이며, 산파술은 상대방이 제출한 논설이나 질문을 거듭함으로써 개념규정을 음미하고 당사자가 의식하지 못했던 새로운 사상을 낳게 하는 문답법이다.

소크라테스식 대화법의 장점은 첫째, 학생들의 사고를 외현적으로 드러내 보인다. 그래서 스스로의 사고를 보다 더 의식하고, 정교화하고, 발전시키며 평가해 가도록 안내하는 데 목적이 있다.

둘째, 모든 사고에는 논리, 다시 말해 구조가 있다는 아이디어에 기초하고 있다. 사고란 여러 요소들이 서로 연결되어 전체적인 체계를 이루고 있으며 논리는 관계를 의미하며, 이것들이 부분들 사이의 관계에 따라 사고의 전체는 하나의 체제를 이룬다. 어떤 하나의 진술이 있다면 그것은 그 밑바탕에서 일어나고 있는 전체적인 사고의 한 부분이며 전체 가운데 작은 한 부분만을 나타내 보여주는 것이라고 이해할 필요가 있다. 하지만 사고의 밑바탕에 있는 사고 체제가 불분명하거나, 피상적이거나, 편협하거나, 제대로 개발되어 있지 못할 수도 있다.

셋째, 수업이나 기타의 학습장면에서 손쉽게 적용될 수 있다. 이들의 대부분은 질문하고 대답하는 변증법적인 대화의 과정으로 이루어지기 때문이다.

소크라테스식 대화법에서 한 가지 문제가 있다면 묻고 대답하는 것이 제대로 이루어지지 않는다면, 그 효과는 지극히 미흡하거나 기대할 수 없다는 데 있다.

28 멘토링

그리스 신화 속 영웅, 오디세우스

멘토링 Mentoring 이란 풍부한 경험과 지혜를 겸비한 사람이 일 대 일로 지도와 조언을 해주는 행위를 말한다. 멘토링은 그리스 신화에서 유래한 말로 고대 그리스의 이타이카 왕국의 왕 오디세우스는 트로이 전쟁에 출정하면서 사랑하는 아들을 가장 믿을 만한 친구에게 부탁했다. 그 친구는 오디세우스가 전쟁에서 돌아오기까지 무려 10년 동안 친구이자 상담자로서 때로는 아버지가 되어 정성을 다해 왕자를 돌보며 훌륭하게 키워냈다.

전쟁이 끝나고 왕궁으로 돌아온 오디세우스는 훌륭하게 자란 왕자의 모습을 보고 크게 감탄하였다. 오디세우스는 왕자를 훌륭하게 키워준 친구에게 칭찬을 아끼지 않았다. 왕을 대신하여 왕자를 잘 양육한 친구의 이름이 바로 멘토이다. 이후 멘토 Mentor 는 '지혜와 신뢰로 한 사람의 인생을 이끌어주는 스승' 또는 '조력자' 라는 뜻으로 쓰이고 있다. 그리고 조력을 받는 사람을 멘티 Mentee 라고 한다.

멘토링에는 세 가지 유형이 있다.

첫째, 비공식 멘토링은 경험자와 비경험자 사이에서 일어나는 상호작용이 자연발생적이고 비체계적인 매칭으로 이루어지는 멘토링을 말한다.

둘째, 혼합형 멘토링은 맨토와 멘티의 계획적 매칭 없이 관계가 성립된 멘토링을 말한다.

셋째, 공식적이며 체계적인 멘토링은 조직적이고 공식적인 멘토링으로 멘토와 멘티의 관계가 계획적이고 체계적 매칭으로 이루어졌으며 추진 팀에 의한 과정설계, 진행, 평가 및 멘토와 멘티 사이의 협약서, 멘토링 실천계획서 등을 포함하는 것을 말한다.

멘토링이 중요한 것은 멘토링을 통해 멘티가 지식과 지혜를 습득함은 물론, 인생을 살아가는 데 있어 빛과 소금의 역할을 하는 데 큰 도움이 되기 때문이다. 멘토링은 현대 사회에 있어 매우 중요한 교육과 조력의 본보기라고 할 수 있다.

29 보편지식

백과사전

보편지식이란 개인차심리학에서 '비전문가들 사이에서 소통가능한 문화적 지식'이라고 정의한 것이다. 고도의 훈련을 받아 획득가능한 특별한 지식이나 한 분야에서만 적용가능한 지식은 배제한다. 한 분야에서 쉽게 지식을 쌓은 사람은 다른 분야에서도 능력을 쉽게 발휘한다는 연구들이 있다.

보편지식은 장기 의미 기억과 관계가 있다고 간주된다. 다수의 연구에서 남성이 여성에 비해 보편지식의 영역이 더 크다는 사실이 알려져 있다. 이것은 기억 능력의 차이보다는 관심사에 대한 젠더 차이에 의해 발생되는 것으로 보인다. 최근 연구들에서는 보편지식이 학생들의 수험능력과 교정능력과 관계가 있다는 것이 밝혀졌다.

개인차심리학에서 연구자들이 '비전문가들 사이에서 소통가능한 문화적 지식'이라고 정의한 바 있는 보편지식은 특별한 훈련을 받지 않은 문외한 이들에게도 전해질 수 있는 모든 영역에 해당된다. 또한 이 정의는 한 두 매체 혹은 TV시트콤 등에서 한두 번 언급된 일회성 지식들을 배제한다.

보편지식 시험에서 높은 점수를 받은 사람들은 지능검사 점수도 높았다. 보편지식은 발화능력과 상관관계가 있으며, 수리능력이나 공산능력과는 상관관계가 없거나 약하다. 결정성 지능처럼 보편지식도 나이와 함께 많아지는 경향이 있다.

또한 특정 분야의 지식이 방대한 사람은 일반적으로 사실관계 정보에 대해 좋은 장기 기억력을 가지고 있으며 다른 영역의 지식들 사이에도 연결고리를 가진다. 다시 말해 보편지식의 차이는 장기 의미 기억에서 정보를 추출하는 능력의 차이를 반영한다. 정보 추출 능력에서 개인차가 생기는 것은 모든 영역의 의미 기억이 서로 연결되어 있기 때문이다.

30 평생학습

평생교육원 수업

평생학습이란 학교교육이나 기업 내 교육 이외에 일반인이 참여할 수 있는 평생교육으로서의 학습을 말한다. 다시 말해 인간 개개인의 평생에 걸친 심도 있는 교육을 일러 말하는 것이다.

국가와 사회적 측면에서 평생학습은 개인의 경쟁력을 강화함으로써 국가경쟁력을 도모하고, 사회구성원으로 하여금 개개인의 권리와 의무에 대한 인식을 높여 보다 신뢰할 수 있는 사회를 만들려는 목적을 지닌다. 그리고 개개인의 능력을 충분히 계발하게 하여 풍성한 삶, 가치 있는 삶을 영위할 수 있는 기반을 마련하려는 데 그 목적이 있다.

평생학습은 연령과 사회적 신분의 한계를 벗어나 일생동안 교육을 받을 수 있다는 데 그 의미가 있다. 다시 말해 개개인 자신의 자아실현과 만족을 위한 자기주도적 학습인 것이다. 평생학습에서 5가지 핵심전략이 평생학습의 정책개혁을 추진하는 전략으로 꼽을 수 있다.

첫째, 학습의 모든 형태를 인정하며, 공식과정의 학습만으로는 제한시킬 필요가 없다.

둘째, 기초기관을 설립하는 것이 중요하다. 전통적인 자기주도 학습을 담당하는 기관, 동기, 자본을 이용하는 것이다.

셋째, 평생교육의 환경에서 우선권에 접근하는 것을 개선하는 것이다. 개인이 인생에서 학습할 수 있는 기회를 다양하게 제공하고 지식기반 경제의 사회를 살면서 교육과 학습의 자원에서 배제되지 않도록 하는 것이다.

넷째, 경제개발협력기구가 강조하는 것은 자원분배의 중요성이다.

각 분야에서 인센티브를 제공하여 다양한 참여자를 지원하고, 그 결과로 평생학습을 증진시킬 수 있다.

다섯째, 정책개방에서의 협력이 요구된다. 넓은 범위의 파트너를 만남으로써 교육부 이외의 다양한 정부부처의 협력이 필요하다.

우리나라에서 1999년 평생교육법이 제정되었으며, 2000년 3월부터 법이 시행되었다. 평생교육학습은 교육을 받을 권리를 지닌 개인에게 있어 매우 큰 의미를 지닌다고 하겠다.

CHAPTER 5

격변의 동양사와 서양사
─ 세계 역사 ─

01 역사란 무엇인가

에드워드 카(1892~1982) 영국 정치학자이자 역사가

영국의 역사가이자 정치학자 에드워드 카는《역사란 무엇인가》에서 "역사란 과거와 현재의 대화이다"라고 정의하였다. 이는 지나간 역사는 지난 시대로 평가되고 끝나는 것이 아니라 그것을 바탕으로 지금의 시대를 이어가고, 지금의 시대는 시간이 지나면 과거가 되고 미래는 지금, 곧 현재가 되는 것이다. 역사는 시대의 순환과도 같은 것이다. 다만 변화된 순환이 역사인 것이다.

이런 관점에서 볼 때 미래학자인 아놀드 토인비의 "인류에게 있어 가장 큰 비극은 지나간 역사에서 아무런 교훈도 얻지 못하는 데 있다."는 말은 의미심장하다. 또한 톨스토이는 역사에 대해 "우리는 모두 역사라는 필연적인 도구가 되며, 눈에는 보이지 않지만 우리 후세의 사람들에게는 알려지게 될 일정한 작용을 거들고 있는 것이다."라고 말했다. 아놀드 토인비나 톨스토이는 표현만 다를 뿐 결국 역사는 과거의 사건이나 시대를 통해 현재를 반영하고 인류와 사회를 새롭게 변화시키는 작용의 역할을 할 때 역사의 가치성을 지닌다는 것을 알게 한다.

카가 말하는 '역사란 무엇인가'는 역사의 법칙인 우연사관을 배격하고, 역사란 끊임없이 새롭게 변화하지만 그 처음과 끝을 말할 수 있는 법칙이나 목적은 없다고 부인한다. 왜 그럴까? 역사결정론을 배제할 수 있기 때문이다. 다시 말해 역사란 우연을 통해서도 아니고, 이것이다라고 딱히 말할 수 없는 것이다. 그래서 역사는 끊임없이 과거와 현재가 대화 곧 관계성을 이루고 새롭게 변화되어야 한다. 역사가는 과거와의 대화를 통해서 새롭고 희망적인 미래를 위한 교훈을 이끌어낼 때 역사가로서의 본분은 다하게 된다.

세계 4대 문명의 발상지

세개 4대 문명의 발상지도

세계 4대 문명 발상지는 티그리스강과 유프라테스강 유역의 메소포타미아 문명, 나일강 유역의 이집트 문명, 인더스강 유역의 인더스 문명, 황허강 유역의 황허 문명을 말한다.

첫째, 메소포타미아 문명은 현재의 이라크 지역에 해당한다. 이곳엔 티그리스강과 유프라테스강 흐르는 곳으로 수메르인들이 최초로 도시국가를 세웠으며 함무라비 법전, 바빌론의 공중정원, 쐐기문자 등 많은 문화유산이 있다. 또한 배를 제일 먼저 사용하였다.

둘째, 인더스강 유역의 인더스 문명은 현재의 파키스탄과 인도 북서부 지역에 위치한 곳이다. 하라파와 모헨조다로 같은 계획된 도시로 유명하다. 당시 이곳 사람들은 인더스강의 범람을 이용해 농업을 발전시켰으며 상업도 활발하게 이루어졌다. 또한 정교한 도시계획과 하수도 시설을 갖춘 매우 발달한 건축구조를 이뤘다. 인더스 문명은 청동기시대의 기술발전과 무역을 통해 다른 문명과 교류했던 점이 특징이라고 할 수 있다.

셋째, 황허 문명은 황허강을 중심으로 발전했다. 은나라와 주나라 같은 초기 왕조들이 이 지역에서 존립했다. 황허강은 중국의 농업과 초기정치 체제가 형성된 곳으로, 이곳에서는 한자의 기원이 된 갑골문자가 사용되었다 또한 청동기 문화를 통해 강력한 왕조들이 형성되었다. 다양한 문화와 제도를 이루고 도가와 유가사상의 발달이 큰 특징이라고 할 수 있다.

넷째, 나일강 유역의 이집트 문명은 나일강으로 인해 비옥한 땅을 이루었으며 이를 통해 이집트 사람들은 농업을 기반으로 한 사회를 이루었다. 이집트 문명은 피라미드와 스핑크스 같은 거대한 건축물음 물론. 사후세계에 대한 믿음으로 미라를 만드는 등 다양한 문화를 발전시켰다. 또한 이집트 문명은 예술, 과학, 수학 등 여러 분야에서 뛰어난 업적을 남겼다

03 춘추전국시대

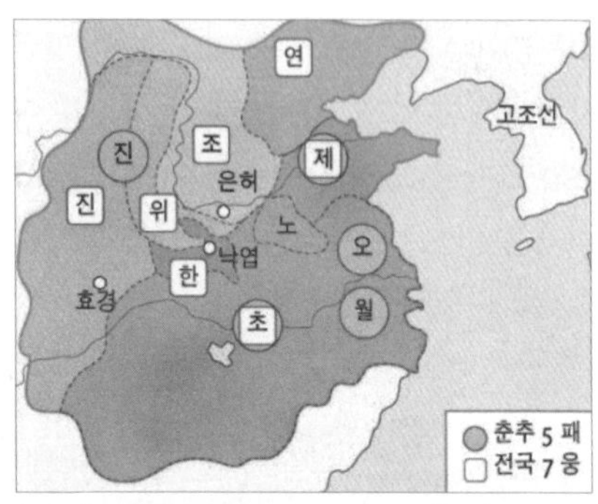

춘추전국시대 지도

춘추전국시대 BC 770~BC 221 는 춘추시대와 전국시대를 합쳐 이르는 말로, 주나라가 견융의 공격을 받아 천도한 뒤부터 시황제가 중국 최초의 통일국가를 이룬 시기까지를 말한다. 이 시대에는 노자, 공자, 장자, 맹자, 묵자 등 사상가들의 출현으로 중국 역사에 있어 사상의 발전을 이뤘다.

또한 주왕실이 퇴락의 길을 걷자 반기를 들고 춘추전국시대의 패자가 되기 위해 수많은 제후국들이 전쟁을 벌이고 전국칠웅이라 불리는 진, 초, 제, 연, 조, 위, 한의 일곱 나라가 일어나 서로 대립했다. 그로인해 중국은 매우 혼란스러웠다. 정전제도의 붕괴 등은 봉건체제를 무너뜨리는 요인이 되었으며, 전통문화는 그 힘을 잃고 말았다. 시간이 흐를수록 주나라의 왕실은 약화되었고 자연히 왕과 귀족들의 관계도 약화되었다. 그러자 계속된 투쟁과 경쟁에서 살아남기 위해 귀족들은 너나 할 것 없이 세력을 키우는 데 혈안이 되었다.

공자를 대표로 하는 유가와 묵자를 대표로하는 묵가는 개인의 신분적 세습을 반대하고 실력보단 능력에 따라 사회적 지위를 보장 받고 사회전체의 이익을 우선시해야 한다고 주장하였다. 이를 좀 더 덧붙여 말하면 공자는 선한 사람이나 친한 사람, 위대하거나 고귀한 사람에 대한 차별적인 사랑을 주장하였고, 묵자는 모든 사람에 대해 차별이 없는 겸애를 주장하였다. 나아가 법가와 병가는 부국강병을 위해서 권위와 형벌을 내세워 복종을 강요하고 능력보다 실력을 중시하였다.

　한 마디로 말해 춘추전국시대에는 상공업이 발달하고 남북조 시대와는 달리 인재중용을 중요시함으로써, 사회적 질서를 확립하고 영토확장을 위한 전쟁이 빈번하였으며 문화의 발전과 사상적 발전을 이루었다. 전국칠웅 가운데 진나라는 초, 제, 연, 조, 위, 한나라를 차례로 공략함으로써 중국 최초의 통일국가가 이루었다.

실크로드

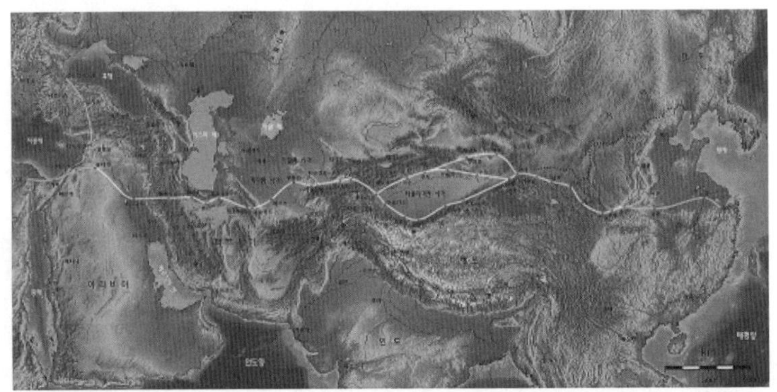

실크로드 지도

　실크로드란 비단길을 뜻하는 것으로 고대 중국과 서역 국가 사이에 비단을 비롯한 여러 가지 무역을 하면서 정치, 경제, 문화를 이어 준 교통 길을 이르는 말이다. 총길이 무려 6,400km에 달하는데, 실크로드라는 이름은 독일인 지리학자 리히트호펜이 처음 사용했다. 실크로드는 중국 중원지방을 시발점으로 하여 타클라마칸 사막의 남북 가장자리를 따라 파미르 고원, 중앙아시아 초원, 이란 고원을 지나 지중해 동안과 북안 까지 이른다.

　실크로드가 처음 열리기 시작한 것은 전한 때이다. 한 무제는 대월지국, 오손과 같은 나라와 연합하여 중국 북방변경지대를 위협하고 있던 흉노를 제압하고 서아시아로 통하는 교통로를 확보하길 원했다. 그래서 장건을 보내 동맹을 꾀하려 했으나 뜻대로 되지 않았다. 하지만 한 무제는 포기하지 않고 만반의 준비를 한 끝에 정벌을 나서 BC 104~101 페르가나 국왕을 제압하고 남북 실크로드의 중요한 길목에 자리한 누란도 정복하였다.

　그후 BC 60년에는 그리도 벼르고 별렀던 흉노마저 굴복시킴으로써 서역을 완전히 손에 넣게 되었다. 이후 중국의 비단, 칠기, 도자기 등의 물품과 양잠, 화약 기술, 제지 기술 등이 서역으로 전해졌다. 특히 종이 만드는 기술이 서역으로 건너가서 인쇄술의 발달과 지식보급으로 인해 중세 유럽의 암흑기를 밝혀줄 원동력이 되었다.

그리고 실크로드를 통해 서역에서 중국에 기린, 사자와 같은 진귀한 동물과 호마, 호두, 후추 등이 전해졌고, 유리를 만드는 기술도 전해졌다. 이후 둔황을 비롯한 4군데에 요새를 세워 실크로드를 보호했는데, 이때부터 서역으로 통하는 실크로드는 원활하게 이용되었다. 이를 잘 알게 하듯 1년에 수차례에 걸쳐 장사꾼들이 오고감으로써 중국과 서역 사이에 교역이 활발하게 이어질 수 있었다.

몽골제국의 탄생과 영화

칭기스칸(1162~1227)
몽골제국의 건국자이자 초대카인

요가 멸망하고 금과 송이 대립하고 있을 무렵, 몽골고원 초원지대에는 몽골족이 여러 부족으로 나뉘어 유목생활을 하고 있었다. 그러던 중 1189년 오논과 케룰렌 두 강 사이를 중심으로 각지에서 유목생활을 하고 있던 몽골계, 투르크계의 씨족 및 부족 가운데 한 몽골 씨족 출신의 테무친은 자기부족과 몽골 여러 씨족을 통일하고 그 군주로 추대되어 1206년 칭기즈칸이라는 칭호를 받고 즉위하였다.

이후 그는 타타르, 메르키트 등 부족들을 정복하여 복속시키는 한편 서방의 알타이 방면에 근거지를 두고 대항하던 투르크계의 나이만 부족을 멸망시켜 세력을 확대하여 몽골고원을 통일하였다. 그후 칭기즈칸은 대칸의 지위에 올랐다.

칭기즈칸은 국가의 틀을 견고하게 하기 위해 금나라, 서하에 침입하여 말 등의 가축과 재물을 빼앗았다. 또 유라시아 대륙을 통하는 동서무역로를 확보하기 위해 서방으로 출정하였다. 그리고 서아시아 이슬람 세계의 호라즘 샤왕조에 통상사절단을 파견하였지만, 사절단 일행이 학살된 것을 계기로 삼아 대원정에 나서 호라즘 국왕을 사살하고, 진격을 계속하여 러시아 제공의 연합군을 격파하고, 크림반도를 침공하여 승리한 후 귀국하였다. 칭기즈칸은 다시 서하를 토벌하다가 1227년 진중에서 병사하였다.

몽골제국은 칭기즈칸이 죽은 후 몽골의 관습에 따라 정복한 지역의 땅을 자손들에게 나누어 주었다. 이에 따라 차가타이한국, 킵차크한국,

일한국, 오고타이한국 등 4개의 한국으로 나누어졌다. 그리고 정복은 계속되었다. 몽골은 남송과 연합하여 금을 멸망시킨 후, 러시아와 동유럽 일부까지 차례로 점령하고, 서아시아의 아바스 왕조도 멸망시켰다. 그 결과 몽골은 동아시아에서 유럽에 이르는 대제국이 되었다.

만리장성

만리장성은 중국의 대표적인 성벽으로 흉노족이과 몽골족과 같은 북방 유목민족의 침략을 막기 위해 전국시대부터 건설이 시작되어 후대 왕조에 의해 확장 및 보수되어 왔다.

최초의 장성은 초나라가 쌓은 장성이었다. 초나라는 남방에서 광활한 영토를 영유하면서 그를 바탕으로 중원 국가들의 영토를 빼앗으며 서서히 북진했다. 중원이라 불리는 하남성 일대는 거대한 평원이었으므로, 국경으로 삼을 만한 자연적인 경계가 없었다. 초나라가 차지한 이 영토는 삼면으로 다른 중원 국가들에게 둘러싸여 있었다.

그런 까닭에 초나라는 이 영토를 보호하기 위해 300km가 넘는 장성으로 영토 전체를 둘러싸는 형태의 장성을 건설했는데, 이를 장성의 효시라 할 수 있다. 특히 만리장성을 쌓은 것으로 유명한 진나라 역시 전국시대 때부터 적극적으로 장성을 활용했다. 건국 초기부터 상대해온 오랑캐인 융적, 그리고 북방의 흉노 등의 유목민족을 상대하기 위해서였다. 뿐만 아니라 전국시대 강대국들은 앞다퉈 장성을 쌓았다. 전국시대 초기 영역국가로서 재빠르게 변법에 성공한 위나라는 서쪽의 강국인 진나라를 견제하기 위해 서쪽에 장성을 쌓았다.

제나라는 남쪽에 장성을 건설했는데, 이는 당시 강국이었던 오나라와 월나라, 그리고 초나라를 견제하기 위함이었다. 그리고 한나라는 위나라와의 접경지대에 짧은 장성을 건설했다. 조나라, 연나라는 기동성이 우수한 유목민족을 견제하기 위해 북쪽 국경에 장성을 쌓았다. 결

론적으로 말해 만리장성은 자국을 외세에게서 안전하게 지키려는 목
적으로 건설되었던 것이다. 만리장성이라고 하지만 실제의 길이는 약
6,350km이기 때문에 실제로는 10,000리의 약 1.5배가 된다고 할 수
있다.

07 아편전쟁

아편전쟁

영국은 산업혁명으로 발명한 방직기계에서 생산한 면직물을 청나라에 판매하였다. 그러나 엄청난 인구를 가진 청나라였기에, 그들이 가내수공업으로 생산한 면직물이 영국산 기계 면직물보다 오히려 저렴했다. 그리고 영국의 일반 가정은 월 수입의 5%를 차 구매에 사용했는데, 영국과 청나라의 무역 규모의 90%를 차가 차지하면서, 영국의 적자는 늘어갔고 막대한 영국의 은이 청나라로 유입되었다

그러자 영국은 무역적자를 타개할 목적으로, 값싼 인도산 아편을 축구공 모양으로 만들어 약 상자에 넣어 밀무역으로 청나라에 유통시켰다. 인도산 아편을 중국에 판매하면 1,000배의 이익이 남을 정도로, 인도의 아편은 저렴했기 때문이다. 영국의 정책은 그들의 생각대로 전개되었다. 저렴한 인도산 아편으로 중국 아편가격을 폭락시켜, 사회 최하층까지 아편에 손을 대게 함으로써 사회 기반 자체를 무너뜨린 것이다.

그로인해 중국사회가 극도로 혼란에 빠지게 되었다. 그 이유는 아편 중독자가 급격히 늘어나 무려 4,000만 명이 아편에 중독되었던 것이다. 심지어는 도광제는 아들 3명을 아편중독으로 잃었으며 어전회의 도중에 대신들이 아편을 피울 정도였다. 중국 사회가 이 지경에 이르자 국민당 정부 시절에는 상하이 시의회 등 정부가 아편을 공급하기까지 하는 어처구니없는 상황에 이르렀다.

위기를 느낀 청나라 도광제는 임칙서를 광동성에 파견하여 아편문

제를 해결하려고 하였으나, 제1차 아편전쟁이 일어나면서 영국에 참패하였다. 제2차 아편전쟁은 영국, 프랑스, 러시아가 참전하여 수도 베이징까지 약탈 및 유린당했다. 이에 청나라는 영국과 프랑스 협공에 굴복하여 1858년 톈진 조약을 맺었고, 이후 1860년 북경조약을 체결하게 되었다. 이후 본격적으로 서양의 세력이 동양으로 진출하는 계기가 마련되었다.

08 문화대혁명

마오쩌둥(1893~1976)
중화인민공화국 혁명가

문화대혁명은 1966년 5월 16일 중국 공산당중앙위원회 주석인 마오쩌둥에 의해 주도된 운동으로 전근대적인 문화와 자본주의를 타파하고 사회주의를 실천하자는 운동이다. 그가 문화대혁명을 벌인 것은 1950년대 말 대약진운동의 실패로 정치적 위기에 몰리게 되자 문화대혁명으로 중국 공산당 내부의 정치적 입지를 회복하고 반대파들을 제거하기 위한 방편으로 활용하기 위해서다.

그가 그렇게 했던 결정적인 이유는 무너진 민생경제를 회복하기 위해 자본주의 정책의 일부를 채용한 정책이 실효를 거두면서 류사오치와 덩샤오핑이 새로운 권력의 실세로 부각되자 권력의 위기를 느꼈기 때문이다. 마오쩌둥은 자신의 권력을 지키기 위한 수단으로 부르주아 세력의 타파와 자본주의 타도를 외치면서 이를 위해 청소년이 나서야 한다고 주장했다.

1962년 9월 마오쩌둥은 중앙위원회 전체회의에서 계급투쟁을 강조하고 수정주의를 비판함으로써 반대파들을 공격하기 시작하였다. 전국 각지마다 청소년으로 구성된 홍위병이 조직되었고 마오쩌둥의 지시에 따라 전국을 휩쓸어 중국은 순식간에 마비가 된 듯 경직되었다. 마오쩌둥에 반대했던 정치세력은 모두 실각되거나 숙청되었다.

1973년 저우언라이의 추천으로 덩샤오핑이 권력에 복귀한 후부터 문화대혁명의 정신은 다각적으로 공격받기 시작했다. 마오쩌둥을 지지하는 세력은 이데올로기, 계급투쟁, 평등주의를 강조한 반면, 저우언라이와 덩샤오핑을 지지세력은 경제성장, 교육개혁, 실용주의 외교노선을 주장하며 대립하였다.

　　결국 문화대혁명은 1976년 9월 마오쩌둥이 사망하고, 화궈펑에 의해 마오쩌둥의 4인방인 왕훙원, 장춘차오, 장칭, 야오원위안 등의 세력이 축출됨으로써 종결되었다. 하지만 공식적으로는 1977년 8월 제11기 전국인민대표대회에서 문화대혁명의 종결이 선포되었다.

09 종교개혁

비텐베르크 교회 정문에 마르틴 루터의 '95개 논제'를 붙이는 장면

1517년 10월 31일 종교개혁가 마르틴 루터는 교황을 중심으로 하는 서유럽 정치와 서방 교회의 면죄부 판매, 연옥에 대한 교황권 주장, 그리고 공로사상을 비판한 내용의 95개조 반박문을 발표했다.

이는 기존의 교황 중심에서 발생된 부정부패에 대한 혁신안으로 당시 서방 교회에 대한 개혁을 천명한 것이다. 물론 이전에도 존 위클리프, 얀 후스, 윌리엄 틴들, 사보나롤라 같은 이들에 의해 시작된 종교개혁가들의 신학운동이 있었다. 이들은 오직 성경을 인문학적 관점에서 연구함으로써 성경만을 강조하고 성경 자체를 16세기 서방교회의 모든 제도인 교황과 교회직제, 교회전통보다 더 높은 권위에 두었다. 이를 바탕으로 한 것이 종교개혁이다.

이를 좀 더 구제체적으로 말하면 종교개혁은 서방 교회 개혁찬성파인 개혁자들의 복음중심주의를 바탕으로 양심과 지성에 뿌리를 둔 서방 교회 개혁운동이었다. 서방 교회 개혁반대파인 교황 중심주의자들과 대립한 마르틴 루터와 같은 개혁자들은 옳지 못한 것을 보고 분노를 느끼는 단순한 정의가 아닌, 교황 중심주의적 서방 교회의 초야권初夜權을 행사한 영주에게 발부하는 면죄부까지도 포함하는 면죄부 판매와 같은 문제점들을 성경적으로 95개조의 반박문을 내걸기에 이르렀던 것이다.

초야권이란 서민이 결혼할 때에 추장, 영주, 승려 등이 신랑보다 먼저 신부와 잠자리를 같이할 수 있는 권리로 미개사회나 봉건시대의 일부 지역에서 볼 수 있는 파렴치한 제도이다. 이는 도덕적으로나 윤리적으로 볼 때 종교가 지닌 신심은 물론, 인간 본연이 지닌 인간적 양심을 파괴시키는 행위였던 것이다. 나아가 연옥에 대한 교황권 주장 역시 반종교적인 행태가 아닐 수 없다. 따라서 종교개혁은 썩은 종교를 새롭게 바꾸는 혁신운동으로 많은 순교자들이 발생했다. 종교개혁은 프로테스탄트, 곧 개신교를 새롭게 탄생시킴으로써 오늘에 이르고 있다.

프랑스혁명

바스티유 감옥 습격 장면(1789년 7월 14일)

프랑스혁명은 1789년에 프랑스에서 일어난 사상혁명이자 시민혁명이다. 이를 프랑스대혁명이라고도 부른다.

프랑스혁명이 발발하게 된 데에는 다음과 같은 사유가 있다.

프랑스 사회는 절대왕정이 지배하던 체제 하에서 자본가 계급이 부상함으로써 대다수의 국민들은 상대적 박탈감에 시달려야 했다. 나아가 미국의 독립전쟁은 잠재되어 있던 자유에 대한 프랑스 국민들의 의식을 일깨웠다. 그런데다 심각한 경제불황은 평민들의 불만을 가중시켰으며, 때마침 흉작으로 인한 불안한 심리가 작용함으로써 혁명이 일어났던 것이다. 시민들과 농민들은 일심동체가 되어 혁명은 불길 같이 타올라 3년에 걸쳐 정치와 경제를 비롯해 모든 체제를 전복시켰다.

프랑스혁명으로 절대왕정 체제가 무너지고 이후 80년 공화정, 제정, 군주정으로 국가체제가 전환됨으로써 불안한 정치상황이 지속되었다. 그리고 나폴레옹은 황제로서가 아니라 혁명정신의 화신으로서 권좌에 올랐다. 권좌에 오른 나폴레옹은 1815년 6월 16일에 리니에서 프로이센군을 격파하고, 이틀 뒤 리베리아 반도에서 승리한 영웅 웰링턴이 지휘하는 영국군과 워털루에서 격전을 벌이는 데게프하르트 블뤼허가 이끄는 프로이센군에 의해 패배했다. 나폴레옹은 의회가 퇴위를 요구하자 권좌에서 물러났다.

그로 말미암아 유럽은 민족주의와 자유주의에 갈망하게 되었다. 프랑스혁명은 유럽과 세계사에서 정치권력이 왕족과 귀족에서 자본가 계급으로 전환되고, 역사적으로 볼 때 새로운 시대로 변화시키는 전환점이 되는 사건이었다. 또한 자본주의의 발달에 있어 시민계급이 절대왕정에 저항하여 봉건적인 특권계급과 투쟁해서 승리를 쟁취했으며, 새로운 정부와 새로운 사회를 건설해낸 최초의 시민사회혁명이라고 할 수 있다.

11 미국 남북전쟁

게티스버그 전투를 묘사한 판화(1863년)

1861년 4월 노예제도를 지지하던 미국 남부의 일곱 개 주들이 남부연합을 형성하였다. 그리고 미합중국에서의 독립을 선언한 뒤, 남군이 사우스캐롤라이나 주 찰스턴 항의 섬터 요새를 포격함으로써 남북전쟁 1861~1865 이 시작되었다. 이에 미국 북군도 대응함으로써 전쟁은 4년이나 지속되었다. 결과는 북군의 승리로 끝났다.

당시 미국 사회는 노예제도에 따른 문제로 큰 갈등을 빚었다. 노예제도를 없애자는 주장이 북부에서 제기되었다. 공업이 발달한 북부는 노예제도가 없어지면 흑인을 고용해 값싸게 제품을 만들 수 있을 거라 기대했다. 하지만 면화농장을 운영하고 있던 남부의 주들은 반대했다. 일손이 많이 가는 면화농장에서는 노예가 꼭 필요했기 때문이다.

그도 그럴 것이 노예제도를 없애면 경제가 매우 어려워질 게 뻔했다. 때마침 에이브러햄 링컨이 미국의 새 대통령으로 당선되었다. 링컨이 자신들의 요구를 받아들이지 않을 거라고 생각한 사우스캐롤라이나를 비롯한 일곱 개의 남부 주는 연방에서 탈퇴를 선언했다.

그리고 아메리카 남부연합을 만들어 새로운 나라를 세우겠다고 뜻을 모았다. 그러고는 제퍼슨 데이비스를 새 대통령으로 뽑고 남쪽 일곱 개 주에 있던 연방정부의 재산을 전부 몰수했다. 그리고 아메리카 남부연합은 연방정부에 섬터 요새를 내놓으라고 요구했다. 하지만 링컨은 요구를 들어주지 않았다. 이에 남부연합은 섬터 요새를 공격했다. 이것이 미국 남북전쟁이 일어나게 된 결정적인 원인이 되었다.

　1863년 1월 1일에 링컨 대통령은 노예해방을 선언했다. 마침내 4년의 전쟁은 북군의 승리도 끝났다. 그러나 안타깝게도 링컨은 남부연합을 따르던 한 청년에게 암살되고 말았다. 미국 남북전쟁은 인간의 존엄성과 자유와 평화의 소중함을 깨우쳐 준 세계사적으로 중요한 의미를 지닌다.

12 간디의 비폭력 무저항주의

모한다스 간디(1869~1948)
인도의 정신적 · 정치적 지도자

간디는 서인도 카티아와르 번왕국 사우라시트라 주의 포르반다르의 명문가에서 태어나 영국으로 유학을 떠났다. 그는 런던대학에 입학하여 온갖 멸시와 차별을 받으며 법률을 공부했다.

그는 봄베이 법원 관할 하에서 변호사 사무소를 차려 일하다, 1893년 남아프리카의 나탈로 부임을 하였다. 부임 후 그는 상관 소송을 마치고, 열차를 타려다가 백인들에게 제지를 당해 변호사자격증을 보였으나 묵살을 당하고, 문 밖으로 내동댕이쳐지는 수모를 당하며 현지 인도인들의 고통을 알게 되었다. 이 일을 겪은 후 그는 톨스토이주의에 기초하여 비폭력 투쟁을 결심하였다.

제1차 세계대전이 일어나자 1914년 인도로 귀국한 그는 곧바로 노동운동, 민족해방운동의 지도에 전념하고, 인도의 독립을 앞당기기 위해 영국의 입장을 지지하였으나, 전쟁이 끝난 후 영국의 배신과 1919년 롤라트 법안과 같은 반란진압조령의 시행 때문에, 사티아그라하 운동을 전개하였다. 이를 위해 간디는 인도의 여러 곳을 순회하며 운동에 동참할 것을 호소하였다. 그후 간디는 영국에 대한 비협력 운동 방침을 세우고 납세거부, 취업거부, 상품불매운동을 통한 비폭력 저항을 시작하였다.

이에 비협력 운동이 선언되고 불매운동은 성공하였지만, 인도 각지에서 유혈사태가 일어났고 간디의 호소로 운동은 잠시 중지되었다. 이 일로 간디는 투옥되었고, 석방된 후 인도국민회의파의 의장으로 있으면서 인도인이 자력에 의한 농촌구제에 나설 것을 촉구하며 자신의 주장을 펼쳤다.

　간디는 다시 투옥되었다가 석방된 후 어윈 총독과 절충을 한 결과 간디어윈 협정을 체결하며 영국에 대한 불복종 운동을 중지하였다. 하지만약속을 어기자 다시 영국에 대한 불복종운동을 전개하여 또 다시 투옥되었다. 간디는 투옥되고 석방되기를 반복한 끝에 마침내 영국을 손을 들게 했으며 독립의 기쁨을 국민과 함께하였다.

13 베르사유 조약

베르사유 조약 장면

제1차 세계대전이 끝난 이듬해인 1919년 6월 연합국과 독일 사이에 평화협정을 체결하였는데, 이를 베르사유 조약이라고 한다. 당시 연합국과 독일은 파리 강화회의를 하던 중 베르사유 궁전에서 협정에 서명했으며 1920년 1월 10일에 공포하였다. 프랑스가 베르사유 궁전을 평화협정 장소로 선택한 것은1871년 프로이센과의 전쟁에서 당한 패배로 인해 추락한 자존심을 되찾는 기회로 삼기 위해서였다.

연합국으로는 미국, 프랑스, 영국, 이탈리아가 등 4개국이다. 미국은 대통령 우드로 윌슨이, 프랑스는 총리 조르주 클레망소가, 영국은 수상 데이비드 로이드 조지가 그리고 이탈리아는 총리 비토리오 에마누엘레 오를란도가 참석하였다.

미국 대통령 우드로 윌슨은 자신이 새롭게 구상한 14개조 평화원칙을 국제사회에 공표하기를 원했다. 윌슨은 새로운 외교관계는 각 나라가 주권을 갖고 국가 사이의 협력이 이뤄져야 한다고 주장했다. 윌슨이 이렇게 목소를 높일 수 있었던 것은 연합국이 승리하는 데 있어 미국이 큰 비중을 차지했기 때문이다. 그런데 프랑스와 영국 등은 각기 자신들의 나라가 유리하도록 자신들의 입장에서 주장을 펼쳤다. 그러다 보니 원만하게 조약이 체결되기보다는 그 어느 국가도 만족하지 못하는 조약이 되고 말았다.

하지만 그럼에도 베르사유 조약은 국제질서를 형성하여 제1차 세계대전 뒤의 국제관계를 규정한 중요한 의미를 지닌다. 국제연맹규약이

체결되었으며 알자스, 로렌을 프랑스에 넘겨주고 벨기에는 폴란드 등
에 영토를 넘겨주고, 오스트리아의 독립보장과 독일의 국외권익 포기,
육해군의 제한, 징병폐지, 전쟁에 대한 책임과 배상의무, 연합국의 라인
란트 15년 동안의 점령 등이 담겨 있다.

14 뉴딜 정책

뉴딜 정책에 승인하는 루스벨트 대통령

1929년 10월 24일 미국 주식시장에 큰 문제가 일어났다. 주식이 일주일 전의 하락폭보다 더 크게 하락했다. 이러한 일련의 사건은 전 세계 경제침체의 촉매가 됐다. 이로 인해 미국 실업률은 4%에서 25%로 증가했다. 공업 생산량은 약 3분의 1이 줄었다. 이른바 경제공황에 빠진 것이다.

뉴딜 정책New Deal은 프랭클린 루스벨트 대통령이 미국을 대공황에서 구하기 위해 1933년부터 1938년까지 주도한 일련의 경제 프로그램이자 공공사업 계획인 동시에 금융개혁과 규제정책을 말한다. 루스벨트는 '첫 100일'이라 불리는 기간 동안 미국을 회생시키기 위한 법안들을 의회의 적극적인 협조에 힘입어 통과시켰다. 가장 먼저 통과된 것이 연방정부가 대폭적인 지원을 해줌으로써 공황상태에서 은행을 구출하여 은행업무를 정상화시키려 한 긴급은행법이다.

이와 함께 금본위제도 중단을 통해 금의 유출을 막아 통화안정과 유동성을 확보하는 한편, 또다시 금융시장이 요동치는 제동장치를 마련하는 증권법을 통과시켰다. 하지만 곧 위기를 맞게 된다. 뉴딜 정책이 추구하는 것보다 훨씬 더 큰 연방정부의 역할을 주장하는 인물 등 다양한 곳에서 도전을 받게 된다. 더불어 측근인 브레인 트러스트도 의견 불일치 등으로 인사 교체들이 이뤄지며 몇몇은 아예 반 루스벨트로 돌아서기도 했다. 정책의 효과 또한 바닥을 치던 경제를 회복세로 돌리는 데는 성공했으나 실업률은 나아지지 않았다.

그렇지만 꾸준히 변화를 꾀함으로써 뉴딜 정책은 미국의 경제, 정치,

사회 등 광범위한 분야에 큰 변화를 가져오는 전환점이 되었다. 나아가 무너진 미국 자본주의와 사회의 구제를 위해 미국의 전통적 자유방임주의가 수정되는 계기가 되었다.

사회 등 광범위한 분야에 큰 변화를 가져오는 전환점이 되었다. 나아가 무너진 미국 자본주의와 사회의 구제를 위해 미국의 전통적 자유방임주의가 수정되는 계기가 되었다.

15 태평양 전쟁

일본군의 공격으로 침몰하는 미 에리조나 함

태평양 전쟁은 제2차 세계대전의 전쟁 가운데 하나로 태평양과 동아시아에서 벌어진 전쟁이다. 태평양전쟁의 발단은 1941년 12월 7일 일본 해군이 하와이 진주만에 있는 미해군 태평양함대 기지를 기습 공격함으로써 시작되었다. 이후 일본군은 파죽지세로 남방작전을 개시해 순식간에 동남아시아를 석권했다. 태국은 일본의 동맹국으로 참전했고, 일본군은 영국령 말레이 반도와 싱가포르, 버마와 네덜란드령 동인도제도를 석권하고, 필리핀 바탄 반도에서 대치하던 웨인 라이트 중장의 항복을 받아냈다.

더글러스 맥아더 대장은 루스벨트의 탈출 명령을 받고 항복 직전 탈출하여 호주로 이동했다. 일본 해군은 호주 북부의 포트다윈을 점령하고 인도양으로 진출하여 인도양 뱃길을 마비시키고, 실론 해전에서 승리를 거두어 인도양 방면에서 영국군을 패퇴시켰다. 뒤이어 남방의 방어선을 확고히 하고 호주 공격을 위해 뉴기니 섬 남해안의 포트모르즈비를 공략하려 했으나 산호해 해전으로 저지되었다.

일본을 공격하기 위해 만반의 준비를 마친 미군은 일본 본토를 폭격하였다. 본토가 공격받자 일본은 미해군 항공모함 세력을 섬멸한다는 목표로 미드웨이 제도를 공략하기 위해, 항공모함 4척을 동원해 침공을 감행했지만 도리어 항공모함 4척을 잃고 말았다. 이후 일본은 호주와 미국 사이의 해상수송로를 차단하기 위한 목적으로 과달카날 섬에 비행장을 짓기 시작했다. 그러나 미군에 의해 비행장을 빼앗겼다.

일본은 미드웨이 해전과 과달카날 전투의 패배를 기점으로 점차 하락세를 걷기 시작했다. 거듭된 일본 해군의 패패로 점령지 대부분을 상실하였다. 그럼에도 항복을 거부한 채 격렬한 저항을 거듭했으나, 결국 미국의 히로시마와 나가사키 원자폭탄 투하로 인해 더 이상 버티지 못하고 1945년 8월 15일 무조건 항복을 선언함으로써 태평양 전쟁은 종결되었다.

16 제2차 세계대전

아돌프 히틀러(1889~1945) 독일 정치인이자 독재자

제2차 세계대전1939~1945은 6년에 걸쳐 벌어진 전쟁으로, 제1차 세계대전1914~1918 이후 가장 규모가 크고 무참히도 파괴적인 전쟁이다. 제2차 세계대전이 발발한 이유는 제1차 세계대전 후 독일의 팽창주의에 있다.

당시 독일은 나치정권 아돌프 히틀러가 총리로 취임했는데 그는 군사적·영토적 확장을 추진하며 폴란드와 체코슬로바키아를 침공하는 등 국제적 긴장을 고조시켰다. 1939년 9월 1일 히틀러는 폴란드 침공을 명령했다.

그로인해 제2차 세계대전이 시작되었다. 그러자 프랑스와 영국 등이 독일에 선전포고를 하면서 세계대전으로 확전되었다. 이에 맞춰 세계 침략을 도모하던 일본이 필리핀, 베트남 등 동남아시아 국가와 중국, 러시아를 상대로 전쟁을 벌였다. 동남아시아 곳곳을 점령한 일본은 미국 진주만을 공격해 전함을 파괴하는 등 그 횡포가 하늘을 찌를 정도였다.

이에 미국은 맥아더 장군을 총사령관으로 하여 일본을 공격함으로써 소련, 중국 등이 동맹국으로 참전하며 제2차 세계대전은 더 크게 확전되었다. 1945년 8월 미국은 일본의 히로시마와 나가사키에 원자폭탄을 투하하여 일본의 항복을 받아냈다. 그리고 독일 이탈리아도 연합국에 항복함으로써 제2차 세계대전은 막을 내렸다.

제2차 세계대전은 인류 역사상 최대의 전쟁으로 참가국은 연합군 측이 49개국, 동맹국 측이 8개국이다. 또한 동원병력은 1억 1천만 명, 전사자 2천 7백만 명, 민간인 희생자 2천 5백만 명이라는 엄청난 인적·

물적 손실을 냈다. 그중 독일과 소련 양국의 희생자가 가장 많아서 소련은 전사자 1,360만 명, 민간인 포함 사망자 2천만 명이고, 독일은 전사자 420만 명, 민간인 포함 사망자 650만 명에 달했다. 일본의 전사자는 185만 명, 민간인 포함 사망자 250만 명에 이르렀다. 제2차 세계대전은 세계 정치사와 국제관계에 막대한 영향을 끼친 전쟁으로 기록되고 있다.

17 홀로코스트

홀로코스트로 희생된 사람들

홀로코스트는 제2차 세계대전이 발발한 1941년부터 1945년까지 아돌프 히틀러가 이끈 나치당이 나치독일과 독일군 점령지 전반에 걸쳐 유대인과 슬라브족, 집시, 동성애자, 장애인, 정치범 등 약 1,100만 명의 민간인과 전쟁포로를 학살한 무지비한 인종말살 사건이다. 사망자 가운데 600만 명은 유대인이었다. 당시 유럽에는 대략 900만 명의 유대인이 살고 있었는데 600만 명은 무려 삼분의 이에 해당하는 엄청난 숫자이다.

홀로코스트Holocaust 란 고대 그리스에서 신에게 동물을 태워 제물로 바치는 것을 의미한다. 그러니까 유대인을 비롯한 1,100만 명이 제물로 사라진 것과 같다. 이는 인간사에서 절대로 일어날 수 없는 일이다. 그런데 망상에 사로잡힌 히틀러는 죄의식 없이 자신의 욕구를 채우기 위해 자행한 것이다. 그것도 샤워실로 위장된 가스실과 생체실험실에서 말이다. 히틀러가 이런 악행을 자행한 것은 그는 평소에 유대인에 대해 악감정을 갖고 있었다.

그들이 게르만족보다 우수하다는 열등의식에 사로잡혀 있었던 것이다. 그는 유대인을 학살함으로써 게르만족이 유대인보다 더 우수하다는 것은 증거로 삼은 것이다. 그런데 문제는 이러한 반유대주의는 히틀러만이 아니었다. 독일 사회가 인종차별주의에 함께함으로써 발생한 대대적인 범죄행위였다. 그 예로 독일 교회와 내무부는 유태인들의 출생기록을 나치군에 제공하였고, 재무부는 유태인의 재산을 몰수하였고, 독일 기업들은 유대인 노동자를 해고하고 유대인 주주들의 권리를 박탈하였다.

　물론 안네의 일기에서 보듯, 독일인 가운데 목숨을 걸고 유대인을 숨겨주고 먹을 것을 제공했던 따뜻한 인간미를 가진 이들도 있었다. 하지만 전반적으로 볼 때 유대인에 갖고 있던 반유대주의 감정이 전쟁으로 표출되었던 것이다. 이렇듯 홀로코스트란 인간사에서 다시는 일어나서는 안 될 교훈을 남긴 역사적 사건이다.

18 국제연합

국제연합 로고

국제연합United Nations 이란 제2차 세계대전 후 국제평화와 안전의 유지, 국제 우호관계의 촉진을 위하고 경제적·사회적·문화적·인도적 문제에 관한 국제협력을 달성하기 위해 창설된 국제평화기구로 줄여서 UN이라고 한다.

1941년 8월 14일 미국 루스벨트 대통령과 영국의 처칠 수상은 대서양 해상의 영국군함 프린스 오브 웨일스 호에서 회담한 후 공동선언을 발표했는데 이를 '대서양 헌장'이라고 한다. 그들은 대서양 헌장을 통해 종전 후 새로운 세계 평화체제의 정착에 공감했다. 1942년 1월 1일 26개국 대표들이 미국 워싱턴에서 모여 '연합국선언'에 서명했다. 그후 미국, 영국, 중국, 소련 등 4개국은 1943년 10월 30일 모스크바 외상회의에서 일반적 국제기구의 조기 설립 필요성에 합의했다.

1944년 8월부터 10월에 걸쳐 미국 워싱턴 덤버턴 오크스 회의에서 '일반적 국제기구 설립에 관한 제안'을 채택하고 국제연합의 목적과 원칙, 구성 등에 합의하고 전문 12장의 유엔헌장 초안을 적성했다. 이후 1945년 2월 얄타 회담에서 안전보장이사회의 표결방식 등 미해결 사항이 타결됐으며, 1945년 4월 25일 50개국 대표들이 미국 샌프란시스코에서 '국제기구에 관한 연합국 회의'를 열고 유엔헌장을 작성하였다. 나중에 폴란드가 가담하여 총 51개국이 6월 26일 헌장에 서명함으로써 10월 24일 미국, 영국, 프랑스, 소련, 중화민국 등 과반수가 넘는 46개국이 헌장 비준서를 기탁함으로써 국제연합이 공식적으로 발족되었다.

국제연합 발족 후 세계의 자유와 평화를 위한 노력은 많은 성과를 거뒀으며, 국제관계 질서유지에도 매우 적극적으로 대처함으로써 국제연합의 목적과 취지에 부응하고 있다. 2025년 현재 국제연합 회원국은 193개국으로 국제연합은 그 어느 때보다도 막중한 책임에 직면해 있다.

19 철의 장막

철의 장막을 알린 윈스턴 처칠의 연설

철의 장막이란 제2차 세계대전 종결 후 당시 영국의 총리였던 윈스턴 처칠이 1946년 3월 미국 미주리 풀턴 시에 있는 해리 S. 트루먼 대통령의 모교인 웨스트민스터대학을 방문했을 때 연설 중 소련의 폐쇄적이며 비밀적인 태도에 대해 이 용어를 사용했다. 이를 좀 더 부연해서 말하면, 이는 전후 연합국측이 소련과 그 위성국가에 대해 깊은 불신을 표현한 말이었다.

그후 매카시즘McCarthyism, 1950년부터 1954년까지 미국 전역을 휩쓴 공산주의자 색출 열풍을 뜻하는 말 이나 반공주의를 표방할 때 자주 인용되었다. 여기서 장막이 무엇을 의미하는지 알아두는 것도 철의 장막을 이해하는 데 도움이 될 것이다. 장막이란 '한데에서 볕 또는 비바람을 피할 수 있도록 둘러치는 막'을 말하는 것으로, 어떤 사실이나 현상을 보이지 아니하게 가리는 사물을 비유적으로 이르는 말이다. 그러니까 철의 장막이란 단단한 철판으로 막을 친 매우 폐쇄적인 현상을 의미한다.

소련의 독재자 스탈린은 '철의 장막'이란 용어에 대해 매우 불편한 심기를 드러냈다. 그 이유는 총리를 지낸 처칠의 발언인 까닭에 그와 영국 정부와의 조율에 따른 발언이라고 봤기 때문이다. 이에 영국 정부는 그는 다만 평범한 민간인일 뿐이라고 분명히 했다. 이처럼 영국 정부가 적극적으로 진화에 나선 것은 영국과 소련 사이에 외교적 마찰을 불러일으킴으로써 불편한 관계에 놓이게 됨을 우려해서이다. 하지만 영국 정부의 해명에도 스탈린은 영국 정부를 불신하였다.

그도 그럴 것이 당시 영국은 노동당이 집권한 시기로 이때 처칠은 평범한 국민이 아니라 야당 지도자였기 때문이다. 처칠의 풀턴 연설에 이어 1946년 9월 슈투트가르트 국제회의에서 미국무장관 번스는 패전국인 독일 문제에 대해 소련의 견해를 받아들일 수 없다고 말했다. 이후 미국과 소련의 협력관계는 단절되고 트루먼 정부는 반소와 반공 노선으로 전환하였다.

20 나토 창설

나토 창설 당시의 참가국들

나토NATO, North Atlantic Treaty Organization 는 북대서양조약기구라고 하는데, 1949년 미국 워싱턴에서 조인된 북대서양 조약을 기초로 미국, 캐나다와 유럽 10개국 등 12개국이 참가해 발족시킨 집단방위기구다.

2025년 현재 유럽과 북아메리카 지역 32개의 회원국들로 구성되어 있으며 본부는 벨기에의 브뤼셀에 있다. 나토가 발족하게 된 것은 창설 당시 냉전 체제 하에서 구소련을 중심으로 한 동구권의 위협에 대항하기 위해서였다. 정치적으로 민주적 가치를 촉진하고 회원국들이 문제를 해결하고 신뢰를 쌓으며 장기적으로 갈등을 예방하기 위해 방위 및 안보 관련 문제에 대해 협의하고 협력하는 것을 목적으로 하고 있다.

나토의 핵심 전략적 개념은 군사동맹이다. 다시 말해 회원국 일방에 대한 무력공격을 전체 회원국에 대한 공격으로 간주한다는 집단방위 원칙을 고수한다. 나토는 냉전이 종식되고 1990년 앵커가드 작전과 1991년 에이스가드 작전은 이라크의 쿠웨이트 침공으로 촉발되었다. 터키 남동부 지역을 방어하기 위해 공중조기 경보기가 파견되었고, 이후 신속대응 부대가 이 지역에 배치되었다. 그리고 1994년 2월 28일, 나토는 보스니아 세르비아계 항공기 4대를 격추하여 첫 전시행동을 시도했다.

또한 1995년 8월, 스레브레니차 집단 학살 이후 스릅스카 공화국군에 대한 나토의 폭격작전이 시작되었다. 1995년 11월는 데이턴 협정이 체결되었다. 1998년 9월 23일 유엔안전보장이사회는 코소보에서 세르비아 주도의 KLA코소보 해방군 분리주의자들과 알바니아 시민들에 대한 슬로보단 밀로셰비치의 탄압을 막기 위해 결의안 1199호를 통과시켰다. 한편 나토군은 2013년 12월 1일부터 32개국을 대표하는 4,882명의 KFOR코소보 평화유지군 장병들이 이 지역에서 계속 활동하고 있다. 그 밖에 아프가니스탄 전쟁, 아덴만 해적 퇴치, 리비아 내전개입, 러시아와 우크라이나 전쟁 개입 등 나토는 본연의 제 역할을 다하고 있다.

21

미국의 민권운동

도자 파크스(1913~2005) 미국
민권운동가

1950년대에서 1960년대에 걸쳐 미국에서 일어난 미국의 민권운동은 미국의 아프리카계 미국인인 흑인이 시민권 신청과 인종차별의 해소를 요구한 대중운동이다. 민권운동이 일어나게 된 동기는 1954년 브라운대학교 토피카 교육위원회의 재판과 1955년 몽고메리 버스 보이콧거부에 있다.

이를 좀 더 부연해서 말한다면, 1950년대 당시 미국 사회는 백인과 흑인의 구분이 뚜렷하여 버스를 탈 때 백인과 흑인의 전용칸이 따로 있었으며, 공원을 이용하는 등 공공장소 역시 백인과 흑인의 구별이 엄격했다. 이 사건은 1955년 12월 흑인 여성인 로자 파크스가 백인에게 자리 양보를 하라는 버스기사의 요구를 거절한 사건으로, 그 결과 그녀는 '흑백 인종 분리법' 위반이라는 죄목으로 체포되었다.

앨라배마 NAACP, 전미유색인지위향상협의회 의 의장인 닉슨은 이번 사건을 계기로 흑인들의 파업과 버스 승차거부를 주장하였고, 흑인교회 목사들과 함께 몽고메리 개선협회를 구성하였다. 그리고 흑인 목사인 마틴 루터 킹을 협회의 의장으로 추천하였다. 흑인들이 승차거부에 동참한 지 3일 후, 마틴 루터 킹은 몽고메리의 시장을 만나 합의를 도출하려 했으나 별다른 성과가 없었으며, 백인들은 흑인들의 요구를 무시했다. 1956년 1월 말 흑인들의 버스 승차거부 운동이 지속되자 게일 시장은 강경책을 선언하였고 흑인들을 억압하는 정책을 시행하였다.

그 결과 승차거부에 동참한 많은 흑인들은 일터에서 쫓겨났다. 버스에서 흑인과 백인의 분리를 지속하려는 시당국에 대해 연방지방법원은

이러한 행위는 위헌이라 규정했다. 이에 시당국은 대법원에 즉시 항소
하였다. 그 결과 1956년 11월 미합중국 대법원은 연방지방법원의 결정
을 지지한다는 판결을 내렸으며, 1년이 넘는 투쟁 끝에 흑인들은 인권
을 보장받게 되는 등 긍정적인 성과를 이루었다.

22

베트남 전쟁

베트남 전쟁

베트남 전쟁은 1960년부터 1975년까지 남베트남민족해방전선 **NLF**이 베트남의 완전한 독립과 통일을 위해 북베트남의 지원 아래 남베트남 정부와 이들을 지원한 미국과 벌인 전쟁이다. 미국은 남베트남이 적화되면 인도차이나 반도에서 자유 진영 국가들이 연쇄적으로 적화될 것이라는 우려로 인해 우방국인 남베트남을 보호하는 데 적극적으로 나서게 되었다.

부패로 썩을 대로 썩은 바오다이 황제가 통치하던 베트남국은 쿠데타에 이어, 1955년 10월 26일의 국민투표로 무너지고, 베트남공화국 **남베트남**으로 새롭게 옷을 갈아입었다. 남베트남 대통령으로 선출된 응오딘지엠은 경제건설에 집중하여 쌀 생산량을 늘리고, 외자유치를 통해 유리 공업과 면직물 공업을 크게 육성했다. 나아가 치안을 안정적으로 유지해 국정을 안정적으로 이끌었다. 그러나 문제가 생기기 시작했다. 무능하고 무책임한 장군들이 정권을 다투면서 남베트남은 요동치기 시작했다.

이것을 기회로 베트콩 **남베트남 민족해방선 무장 게릴라 단체**은 북베트남의 지원 아래 남베트남 정부군과 교전을 벌여 응오딘지엠 정권에 타격을 입혔다. 국가의 기반이 흔들리고 위기에 처하자 미군이 베트남에 본격 개입하였다. 강력한 미군의 지원으로 금방 끝날 줄 알았던 전쟁은 북베트남과 베트콩의 끈질긴 저항에 부딪쳐 혼전이 지속되었다. 수많은 사람들이 희생되고 도시가 파괴되고 재물의 손실은 이루 말할 수 없었다.

결국 1973년 1월 북베트남과 남베트남, 미국은 베트남의 독립과 주권존중, 휴전과 미군철수를 골자로 한 파리 강화협정을 체결하고, 남베트남에서 완전히 철수하였다. 그후 1974년 남베트남 민족해방전선과 남베트남 정부 사이의 갈등은 다시 무력충돌로 확대되었으며, 북베트남이 참전함으로써 사이공을 점령하였다. 그리고 1976년 7월 2일 남북베트남이 통합해 베트남 사회주의공화국을 수립하면서 베트남은 하나의 국가로 통일되었다.

23 핑퐁 외교

미국 닉슨 대통령과 중국 마오쩌둥 공산당 최고 지도자

미중관계는 1949년 중화인민공화국의 건국과 1950년의 한국전쟁을 치르면서 냉전에 빠졌다. 하지만 1969년 리처드 닉슨이 미국 대통령에 당선된 후 미중관계는 냉전체제에서 벗어날 기류가 흘렀다. 당시 미국은 중국과의 관계개선을 통해 베트남 전쟁에서 벗어날 돌파구를 찾으려고 했고, 중공은 1950년대 말 중소결렬과 1969년에 있었던 중소국경분쟁으로 인해 소련과의 관계가 악화되었다. 그런 까닭에 고립주의를 타파하고 미국과의 관계개선을 소련에 대한 견제 장치로 삼으려 했다.

그런데 1971년 3월 28일부터 4월 7일까지 일본 나고야에서 제31회 세계탁구선수권대회가 열렸다. 일본은 그 당시 세계 최강이었던 중국을 초청하였다. 그러자 중국은 일부 관료들의 반대에도 불구하고 대회에 참가하였다. 대회가 끝날 무렵 중국 선수단은 미국 선수단과 상호교류를 위한 친선게임을 제안하였는데, 미국이 이에 동의하면서 1971년 4월 10일 미국 선수단 15명과 기자 4명이 베이징을 공식 방문하였다.

미국 선수단은 우호적인 분위기 속에서 탁구 경기를 가졌고 이를 통해 미국과 중국의 관계는 온기가 돌면서 양국의 분위기를 크게 호전시켰다. 미국과 중국은 상호교환 방문 경기를 가졌는데 이를 일러 '핑퐁외교'라 일컫는다.

1971년 7월 헨리 키신저는 중국을 비밀리에 방문하여 저우언라이 공산당 총리와 이틀 동안 회담을 하였다. 회담이 있은 후 1972년 2월 21

일 닉슨을 비롯하여 키신저 국무장관 등 14명이 중국을 방문하였다. 그리고 마오쩌둥을 만나 화기애애한 가운데 회담을 진행하였다. 이 회담이 있은 후 1979년에 미국이 중화민국과 단교하고 중화인민공화국과 전격적으로 수교하게 되는데, 이는 핑퐁외교의 결실이었다.

24 레이거노믹스

도널드 레이건 미국 대통령

레이거노믹스Reaganomics는 미국 제40대 대통령인 로널드 레이건이 1981년부터 1989년까지의 임기 동안 시행한 경제정책으로, 경제의 활성화를 통하여 힘에 의한 위대한 미국 재건을 목표로 세출의 삭감, 소득세의 인하, 안정적인 금융정책 등 시장 중심적 경제정책을 말한다. 레이건이 레이거노믹스를 시행하게 된 결정적인 동기는 레이건 행정부 이전에 미국 경제는 10년 동안의 실업률 증가와 인플레이션을 겪었다. 정치적인 이유로 통화공급의 증가도 야기되었다.

그로인해 미래 단기 충격을 완화하기 위해 전략 비축유가 만들어졌다. 레이건은 소득세법 간소화와 규제철폐와 함께 한계세율 인하를 위한 법을 제정했다. 1980년 지미 카터 재임 시 국내 총생산의 2.7% 규모의 연간 재정적자는 레이건 집권 하에서 평균 4.2%에 달했다. 연방의 실질 경제 성장률은 지미 카터 하의 4%에서 레이건 하에서는 2.5%까지 하락했다.

레이건의 경제정책은 존 메이너드 케인스의 '유효수요론'에서 벗어났다하여 큰 관심을 모았다. 당시 미국 경제가 처한 경기침체 속에서의 종전의 케인스의 수요관리만으로는 미흡하여 좀 더 적극적으로 '공급 측면'을 자극함으로써, 파급효과가 수요의 증대로 미치게 한다는 '공급의 경제학'을 내세웠던 것이다.

레이건은 1981년 1월 28일 남아 있는 국내 석유 가격과 할당 관리권한을 올렸고, 1981년 8월에는 석유 초과 이윤세를 인하했으며, 1982년

레이건은 법인세 인하 철폐와 개인 소득세 인하 소폭 철폐에 합의하는 등 경제성장을 끌어올리기 위해 노력하였다.

그 결과 1970년대 말부터 1980년대 초까지 20%대에 달하던 엄청난 인플레이션을 타개함으로써, 물가를 안정시키며 미국 경제를 탄탄하게 이루었다. 또한 소련과의 경쟁에서 소련을 누르고 냉전종식을 이루며 막강한 군사경제대국으로의 위상을 확고히 했다. 레이건은 미국인들이 링컨 다음으로 가장 존경하는 정치인이 되었다.

베를린 장벽 붕괴

붕괴되는 베를린 장벽

1945년 제2차 세계대전이 끝난 후, 독일민주공화국**동독**의 독일사회주의통일당은 소련 점령 하에서 권력의 지지에 힘입어 동독에서 독재정권을 설립하였다. 1961년 8월 13일 독일사회주의통일당은 서베를린 주위에 국경을 봉쇄하기 시작하였다. 그리고 동독인들이 서독으로 넘어가는 것을 막기 위해 처음에는 끝이 날카로운 철사와 함께 벽을 쌓았다.

그러나 날카로운 철사와 벽도 사람들이 탈출하는 것을 막을 수 없었다. 그러자 동독 정부는 국경을 요새화하기 위해 두꺼운 콘크리트 장벽을 쌓았다. 하지만 자유를 갈망하는 동독인들은 자유를 찾아 콘크리트 장벽을 넘다가 많은 죽음을 당함으로써 국제적 논란을 일으켰다.

자유와 권리를 박탈당한 채 살아야 했던 동독 국민들은 그 암울한 체제에서도 자유와 평화를 되찾기 위해 시위를 벌이며 국제적인 관심을 끌어 모았다. 그들의 염원으로 기회가 찾아왔다. 1989년 9월에 라이프치히에서 시작된 월요시위가 기폭제가 되어 동독 전역으로 민주화시위가 벌어진 것이다. 이 여파로 발생한 에리히 호네커의 실각을 전후로 동독 사람들은 언론의 자유화, 여행개방을 주제로 매주마다 시위를 벌였다.

그러자 동독 정부는 소련에게 도움을 요청했다. 하지만 미하일 고르바초프는 외면하였다. 그러자 동독 정부는 공식적으로 신분증만 있어도 검문소에서 출국비자를 현장 발급한다는 성명을 발표해 서베를린과 동베를린 사이의 통행이 완전히 자유화되었다. 그후 서독 국민들은 동독국민들과 일심동체가 되어 움직였다.

당황한 동독 정부는 서독으로 가려는 동독 국민들은 막았지만 뜻대로 되지 않았다. 1989년 11월 9일 동유럽과 중앙 유럽에서 철의 장막이 무너지고 공산주의는 몰락의 길을 걸었다. 이후 베를린 장벽은 붕괴됐으며, 3주 뒤 몰타 회담에서 냉전종식이 선언됨으로써 1990년 10월 3일 독일은 통일되었다.

고구려 벽화

고구려의 국상으로 진대법을 비롯해 수많은 개혁을 통해, 고구려가 강력한 국가가 되는 데 기틀을 마련한 고구려의 역사상 가장 빛나는 재상 가운데 재상인 을파소. 그는 고구려 2대 임금인 유리왕 때 대신이었던 을소의 후손으로, 강직한 성품과 지혜를 품은 선비로 고향인 압록곡 좌물촌에서 농사를 지으며 살았다.

당시 임금은 고국천왕으로 치세를 펼치려 하였으나, 연나부 귀족출신이며 왕후의 친척인 중외대부 패자 어비류와 평자 좌기려 등이 안하무인으로 국정을 어지럽혔다. 이에 이를 타파하기 위해 을파소를 국상으로 임명하고 그에게 국사를 맡김으로써 고구려를 반석 위에 올려놓았다.

을파소의 빛나는 업적 가운데 진대법은 단연 돋보이는 정책이라고 할 수 있다. 을파소는 굶주리는 백성들을 없게 하기 위해 춘궁기와 흉년이 들거나 수확량에 문제가 있으면, 3월부터 7월까지는 관가에서 곡식을 내어 백성들의 가족수에 따라 차등을 두어 구제 삼아 빌려주었다가 10월에 가서 갚게 하는 법규를 제정하고 시행하여 백성들의 열렬한 환영을 받았다. 이는 우리나라 역사상 가장 획기적인 빈민구제 사업이자 명법明法이라고 할 수 있다.

그의 업적에서 보듯 을파소는 강직함과 부드러움, 결단력과 융통성을 지닌 지략가였다. 그의 뛰어난 정책은 백성들에게는 희망을 주고, 국가는 안정을 가져왔으며 군주인 고국천왕에게는 나라를 치세하는 데 있어 큰 힘이 되었다.

　진대법을 시행한 지 3년 후 고국천왕이 죽고 그의 동생이 왕위를 물려 받았는데 그가 바로 산상왕이다. 을파소는 산상왕 때에도 7년이나 국상자리에 있으며 나라를 이끌었다. 을파소가 203년 **산상왕 7년** 에 죽자 백성들은 크게 슬퍼하며 애통해 하였다고 한다. 그는 강력한 개혁으로 고구려가 왕권을 강화하고 체계를 확립하여 고구려가 강국으로 발전하는 데 크게 기여한 명재상이다.

27 삼국통일은 어떻게 이뤄졌을까

김유신(595-673) 신라시대 장군

신라 제29대 태종 무열왕은 김유신과 합심하여 삼국통일을 도모하였다. 태종 무열왕은 백제를 굴복시키기 위해 고구려에 원병을 요청했다. 하지만 고구려가 출병의 대가로 한강 유역의 반환을 요구함으로써 성과 없이 끝나고 말았다.

그후 신라는 당나라와 동맹을 맺어 백제를 정복하고 이어 고구려를 협공하려는 전략을 세웠다. 신라의 요청에 당나라 조정은 소정방을 보내 백제를 치게 하였다. 신라는 김유신이 백제를 공략하였다. 의자 왕의 실책으로 국운이 쇄한 백제는 계백을 내세워 백제를 지키려 했으나 황산벌 전투에서 대패함으로써 660년에 멸망하였다.

백제 멸망 후 각지에서 백제를 되살리려는 부흥운동이 일어났지만, 신라와 당나라 연합군의 반격과 부흥군의 내부분열로 주류성이 함락됨으로써 백제는 사라지고 말았다.

백제를 정복한 신라의 태종 무열왕은 당나라와 연합하여 고구려를 공격하였다. 고구려는 연개소문을 내세워 나당연합군과 맞서게 했지만 거듭되는 전쟁으로 국력이 크게 소모되고 연개소문의 독재로 민심이 분열되었다. 연개소문이 사망하자 그의 아들들과 동생을 중심으로 귀족 사이의 권력싸움으로 국력은 약해질 대로 쇠락해졌다.

이 기회를 노려 신라와 당나라가 연합하여 고구려 정벌에 나섬으로써 668년 고구려는 멸망하였다. 그후 고구려의 왕족을 비롯한 세력들이 부흥을 꾀하려 했지만 실패함으로써 고구려도 역사의 뒤안길로 사라졌다. 이로써 신라가 당나라를 앞세운 삼국통일정책은 실현되었다.

그러나 여기엔 신라와 연합하여 백제와 고구려를 멸망시키고 삼국
의 영토 전체를 장악하려는 당나라의 계략이 숨어 있었다. 이에 신라는
671년문무 왕 11년 고구려와 백제의 유민과 연합하여 당나라에 맞서 싸워
이김으로써 한반도 지역에 대한 지배권을 성공적으로 확립함으로써 온
전한 삼국통일을 이뤄냈다.

28 강감찬과 거란전쟁

강감찬(948~1031) 고려 문신이자 장군

고려 초기에 중국 대륙의 북부를 차지하고 있던 거란은 세 번에 걸쳐 고려에 쳐들어 왔다. 중국 대륙 전체를 지배하고 싶었던 거란에게 고려가 위협이 될 것이라고 판단했기 때문이다. 게다가 고려는 거란이 중국 대륙을 차지하기 위해서는 꼭 싸워서 이겨야 할 송과 친선관계를 맺고 있었다.

1차 침입은 성종 때인 993년 10월에 있었다. 이때 서희는 고려가 고구려의 뒤를 이어 세워진 나라임을 밝히는 외교담판으로 강동 6주를 얻었다. 거란은 괜스레 고려와 싸워 힘을 뺄 필요가 없다고 생각해 순순히 물러났다.

2차 침입은 현종 때인 1010년에 있었다. 뒤늦게 강동 6주의 중요성을 깨달았기 때문이다. 거란의 야율융서는 40만 명의 군대로 고려를 침공하여 통주**평안북도 선천군** 에서 강조를 제압하고, 12월 서경**평양** 을 우회하여 개경**개성** 으로 진격하였다. 거란군이 개경으로 향한다는 소식이 전해지자 대부분의 관료는 항복을 주장하였다.

그러나 강감찬 홀로 "거란이 침입한 일은 강조에게 죄가 있으니 근심할 바가 없습니다. 다만 적의 숫자가 너무 많으니 그 기세를 피해 시간을 갖고 이길 방안을 도모해야 합니다."라고 말하며 현종에게 남쪽으로 피난할 것을 주장하였다. 현종은 강감찬의 주장에 따라 그날 밤 곧장 개경을 떠났다. 그후 개경이 함락되는 등 고려는 큰 피해를 입었다. 하지만 양규가 이끄는 고려군이 후방을 공격하는 등 끈질기게 저항하자 거란군의 피해도 컸다. 그러자 거란군은 강화를 맺고 물러났다.

　1011년 1월 거란군이 철군한 뒤, 강감찬은 국자좨주로 임명되었고, 6월에 한림학사승지, 좌산기상시를 거쳐 동북면행영병마사가 되었다. 1012년 6월 평소 사이가 좋지 않던 감찰어사 이인택이 강감찬을 여러 차례 제소하자 현종이 이인택을 파직하였다. 이후 중추사로 승진하였고, 그뒤 이부상서가 되었으며, 1018년 5월 서경유수, 동내사문하평장사로 임명되었다. 현종은 직접 직첩에 '1010년에 오랑캐가 침입하여 한강 근처까지 왔는데, 강공이 계책을 쓰지 않았다면 나라가 모두 오랑캐가 되었을 것이다.'라고 썼다. 당시 사람들이 이를 매우 영화롭게 여겼다고 하는데, 강감찬에 대한 현종의 신임을 엿볼 수 있는 부분이다.

　3차 침입은 1018년 12월 소배압이 10만의 거란군을 이끌고 침공했다. 현종이 거란을 방문하는 등 강화 때 한 약속을 지키지 않는다는 이유였다. 이에 고려는 강감찬과 강민첨을 보내 거란군과 맞서 싸우게 했다. 상원수대장군 강감찬이 이끄는 고려군은 압록강을 건너온 거란군과 흥화진에서 처음 맞섰다.

　이때 강감찬은 매우 지혜로운 전술을 이용했다. 그는 흥화진 상류에 쇠가죽으로 둑을 만들어 물을 가두었다가 거란군의 주력 부대가 강을 건널 때 갑자기 흘려보냈다. 그리고 갑자기 강물이 불어나 혼란에 빠진 거란군을 공격해 큰 타격을 입혔다. 초반의 전투에서 크게 패한 거란군은 사기가 꺾일 수밖에 없었다. 이후 거란군은 고려군과의 정면 싸움을 피하고 산간 지역을 통해 개경 근처까지 이동했다. 하지만 당시는 겨울이었기 때문에 군사들은 전투보다 추위와 굶주림에 더 지쳐 있었다.

　게다가 개경의 방비가 워낙 튼튼해 거란군은 더 이상 나아가지 못하고 후퇴할 수밖에 없었다. 철수하는 거란군이 압록강 근처의 귀주에 도착하자, 고려군은 근처의 성을 지키던 병력을 모두 모아 총공격을 퍼부어 전멸시켰다. 거란의 10만 군사 가운데 살아서 돌아간 사람은 수천 명에 불과했다. 강감찬의 지휘로 거란군의 침략야욕을 분쇄해 버린 이 날의 전투를 '귀주대첩'이라 한다, 이로 인해 거란전쟁은 고려의 승리로 끝이 났다.

29

영조의 탕평책

영조(1694~1776) 조선 21대 국왕

탕평책이란 조선 후기 영조, 정조 대에 당쟁을 막기 위해 당파 사이의 정치세력에 균형을 꾀하려한 정책이다. 영조가 탕평의 필요성을 절실히 느끼게 된 것은 왕세제 책봉과 대리청정에서부터 노론과 소론의 당론이 충의로 확산되면서, 자신이 바로 그 정치적 소용돌이의 핵심에 처하여 생명까지 위협받는 경험을 하였기 때문이다.

그런 까닭에 즉위 직후 소론인 이광좌를 영의정으로, 조태억을 좌의정으로 삼고, 세자 책봉 시 격렬하게 반대했던 유봉휘를 우의정으로 삼았다. 그러나 자신을 모해하고 죄인으로 몰려고 했던 김일경 등 소론과격파와 삼수옥의 고변자인 목호룡을 처형하였다. 이어 즉위 초의 정세가 어느 정도 안정되자 소론을 몰아내고, 자신의 지지세력인 노론을 정계로 불러들여 노론정권을 구성하였다. 그리고 노론 4대신을 위시하여 임인옥사에서 죽거나 처벌된 사람들의 죄를 모두 없애고 그 충절을 포상하는 을사처분을 발표하였다.

그런데 영조가 의도했던 탕평정국과는 다르게 정호, 민진원 등의 노론당로자들이 을사처분과 환국에만 만족하지 않고, 나아가 소론에 대한 보복까지 요구하여 정국이 다시 노론과 소론 사이의 파쟁으로 흘러갔다. 1727년 갑자기 노론을 일시에 축출하고 이광좌를 영의정으로 하는 소론정권을 형성하면서 경종년간의 건처와 대리를 역적의 행위로 규정하였다.

영조의 탕평책이 본궤도에 오르는 것은 1728년의 이인좌 등의 소론이 주도무신란戊申亂을 겪고 나서였다. 반란은 이광좌와 오명항 등의 소

론정권에 의해 조기에 진압되었다. 하지만 당쟁의 폐해로 변란까지 겪
게 된 영조는 탕평정국을 위한 새로운 정국운영 방식으로 조문명, 조현
명 형제와 송인명에 의해 주장된, 권력구성에 노론과 소론을 안배해 함
께 참여시킴으로서 공동정권을 구성하는 조제 형태의 탕평책이었다

30

기묘사화와 주초위왕의 계략

조광조(1482~1520) 조선시대 사상가이자 성리학자

조선 중기의 문신으로 도학정치를 주창하다 기묘사화로 참화를 입은 조광조. 그는 사림파의 거두인 김종직의 영남학파를 잇는 신진파의 수장으로 개혁을 주장하며 자신을 따르는 젊고 유능한 인재들과 훈구파와 대립의 각을 세웠다. 훈구파의 수장은 남곤이었다. 남곤은 정권을 주도하기 위해 박경 등에게 모반죄를 씌워 죽이고, 그 공으로 이조판서가 된 사람이다. 남곤 일파는 조광조를 몰아내기 위해 혈안이 되었다.

그래서 생각한 것이 같은 무리의 홍경주의 딸이 중종의 후궁인 것을 이용하여 대궐 안 동산의 나뭇잎에 꿀로 '주초위왕走肖爲王'이라는 글자를 써 벌레들이 꿀을 바른 곳만 갉아먹게 하여 글자가 드러나게 만들었다. 그리고 그 나뭇잎을 따다 중종에게 바쳤다.

"전하, 이 나뭇잎을 보시옵소서. 벌레가 갉아 먹은 자리에 주초위왕이라는 글씨가 새겨져 있습니다. 이는 조씨가 왕이 되려 한다는 것 아니옵니까?"

"그게 무슨 말인가? 조씨 성을 가진 자가 왕이 된다니?"

중종의 말에 훈구파 세력을 더욱 강조하며 말했다,

"전하, 나뭇잎에 새겨진 글씨 그대로 이옵니다. 지금이라도 당장 저들을 옥죄어야 합니다. 통촉하시옵소서 전하!"

중종은 훈구파의 지속된 간언에 마음이 흔들렸다. 그러지 않아도 개혁지향적인 조광조에 부담스러움을 느끼던 차였다. 훈구파는 이를 교묘히 이용하려는 것이다. 특히 사림파에게 소외당한 남곤과 공신자격을 박탈당한 심정을 비롯해 조광조의 탄핵으로 어려움에 처했던 희빈 홍씨의 아버지 홍경주가 적극적이었다. 훈구파 세력들의 뜻대로 조광조, 김정, 김구, 김식 등이 하옥되고 이로 말미암아 기묘년에 사화가 일어났다. 조광조는 유교를 바탕으로 하는 왕도정치를 실현코자 하였으나, 훈구파의 중상모략으로 뜻을 이르지 못하고 37살이라는 젊은 나이에 사사되었다.

CHAPTER 6

고문古文은 보석과 같다
— 세계 고전 —

01 도덕경

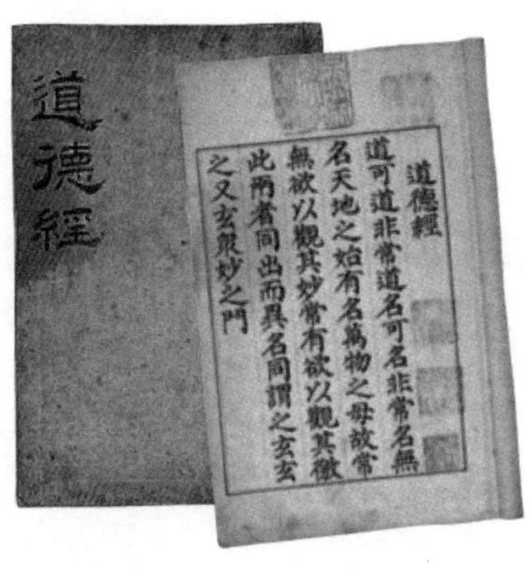

《도덕경》

《도덕경 道德經 》의 저자는 도가의 창시자이자 학자인 노자 B.C 570~ B.C479? 라는 이들도 있고, 주나라 왕실도서관장이었던 노담 老聃 이라고도 하는 등의 학설이 있다. 또한 노담이라는 이가 노자라고 주장하는 학설도 있다.

이런 학설보다 더 중요한 것은 이 책이 현대를 살아가는 사람들에게 무엇을 말하고, 어떤 삶을 살아야 하는지에 대해 고민하고 생각하게 해준다는 점이다.

《도덕경》은 기원전 4세기에 발간되었으며 5천자에 총 81장으로 구성되었으며 상편 37장을 〈도경〉이라하고, 하편 44장은 〈덕경〉이라고 한다.《도덕경》은 한 사람이 쓴 것이 아니라 여러 차례에 걸쳐서 새롭게 편집된 흔적이 있다는 게 정설이다. 보다 중요한 것은《도덕경》의 가르침에 있고. 그 가르침의 요지가 무엇이냐이다.

《도덕경》의 중심 사상은 무위자연 無爲自然 이다. 무위 無爲 는 '도는 언제나 무위이지만 하지 않는 일이 없다.'이고 자연 自然 은 '하늘은 도를 본받고 도는 자연을 본받는다.'는 의미이다. 이는 거짓됨과 인위적인 것으로부터 벗어나려는 것을 뜻한다.

무위는 인위를 가하지 않아 자연 그대로를 받아들이고 따르다보니 어긋남이 없지만, 인위는 생각을 더하고 힘을 가하여 작위적으로 하는 까닭에 억지스러움이 있으며, 거짓됨이 따르게 되어 본래의 것에서 어긋남이 있게 된다.《도덕경》은 인간으로서 인간답게 살아가는 데 근본으로 삼아 행해야 할 지침과도 같다. 이 책을 읽고 마음의 수양을 쌓는다면 탐욕에서 자신을 지켜내는 데 큰 도움이 될 것이다. 또한 그로인해 인간의 본질을 잃지 않고 순리대로 살아감으로써 보다 행복에 이르게 하는 인생 교과서다.

02 논어

《논어》

《논어 論語》는 유교 경전으로 4서 논어, 맹자, 대학, 중용 중 하나로 중국 춘추전국시대 사상가이자 학자이며 유교의 시조인 공자 BC 551~BC 479 의 가르침을 전하는 문헌으로, 일반적으로 유교 경전을 가르칠 때 제일 먼저 가르친다.

이 책은 인仁, 군자君子, 천天, 중용中庸, 예禮, 정명正名 등 공자의 기본 윤리개념을 모두 담고 있다. 여기서 '정명'이란 사람이 행함에 있어 모든 면에서 '이름'의 진정한 뜻에 일치해야 한다는 가르침이다. 공자가 직접 예로 들어 설명한 것 가운데, 특히 효에 관한 내용이 많다. 공자는 개나 말도 마음만 먹으면 효를 행할 수 있다고 말했다.

《논어》는 공자의 제자들이 그의 일상을 기록한 것들을 담고 있다. 공자는 인을 매우 중시하여 이를 바탕으로 실천함으로써 인격적으로 완성을 이루고, 예를 다함으로써 사회질서의 확립을 강조하였다. 말하자면 도덕적 이상국가를 실현하는 것을 궁극적인 목표로 삼았던 것이다.

《논어》는 모두 20편으로 구성되어 있으며, 내용은 '배움'에서 시작해 '하늘'의 뜻을 아는 '지명 知命'으로 끝난다. 이를 좀 더 구체적으로 살펴보면, 공자가 한 말, 공자와 제자 사이의 대화, 공자와 사람들과의 대화, 제자들의 말, 제자들 사이의 대화 등으로 짜여 있다.

공자의 사상을 근본으로 하는 유교는 조선시대 태종의 숭유억불정책에 의해 확산 및 유지되었으며, 충, 효, 예를 매우 중시하여 임금에게는 충성을 다하고, 어버이에게는 효를 다하고, 예를 엄격이 하여 이를

적극 장려하였다. 관혼상제冠婚喪祭 또한 중시하여 이를 엄격히 지키게
한 것도 유교사상에 기반을 둔다. 이렇듯 공자의 유교사상은 일상에서
그대로 실천화되었으며, 그것을 덕목德目으로 하였다는 것에 그 의의가
있다.

적극 장려하였다. 관혼상제冠婚喪祭 또한 중시하여 이를 엄격히 지키게
한 것도 유교사상에 기반을 둔다. 이렇듯 공자의 유교사상은 일상에서
그대로 실천화되었으며, 그것을 덕목德目으로 하였다는 것에 그 의의가
있다.

03 춘추좌씨전

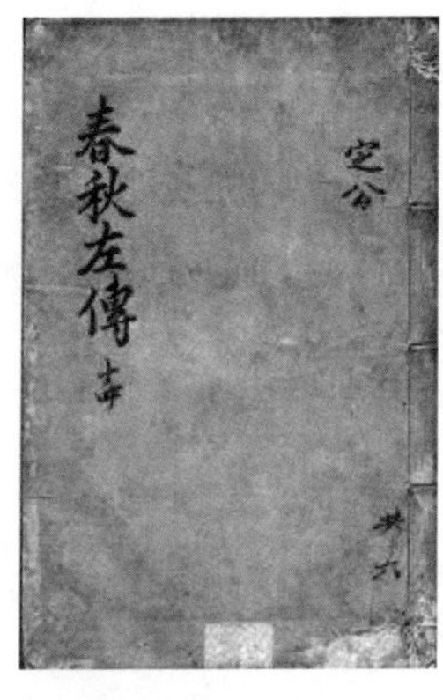

《춘추좌씨전》

《춘추좌씨전 春秋左氏傳》은 총 30권으로 구성되어 있으며 《춘추》의 주석서로 가장 오래되고, 가장 대표적인 주석서의 하나이다. 다른 명칭으로는 《좌전 左傳》 또는 《좌씨전 左氏傳》 《좌씨춘추 左氏春秋》라고도 한다.

《춘추좌씨전》은 《춘추곡량전》 《춘추공양전》과 함께 '춘추삼전'으로 불린다. 《춘추좌씨전》은 풍부한 사료를 기반으로 하여 다른 삼전에 비해 그 내용이 풍부하고, 역사적인 사실에도 충실한 편이다. 그런 까닭에 춘추시대를 이해하는 데 중요한 자료가 되고 있다.

유학자들을 중심으로 《춘추좌씨전》의 저자를 공자와 같은 시대에 살았던 노나라 문인인 좌구명이라고 하지만, 분명하지 않다고 여기는 것이 정설이다. 《사기 史記》에는 《좌씨춘추》라는 말이 나오는데, 이 책이 《춘추좌씨전》을 말하는지도 분명치 않다.

《춘추좌씨전》은 춘추시대에 일어난 정치적·사회적·역사적·경제적·문화적·종교적·군사적 사건들을 담고 있다. 또한 중국 최초의 대화체 형식으로 문장을 서술하고 있다는 것이 특징이다. 이러한 서사구조로 인해 중국 문학과 사상서에 있어 매우 독보적이라는 평가를 받고 있다. 그리고 이 책에는 당시 철학 유파 등에 대해 부분적이기는 하지만 기록되어 있는데, 이 또한 이 책이 지닌 가치라고 하겠다. 이러한 것은 역사적으로 볼 때 실증적인 자료가 되기 때문이다.

《춘추좌씨전》의 대표적인 주석서로는 서진 西晉의 두예가 쓴 《춘추좌씨경전집해》를 들 수 있다. 그후 《춘추좌씨전》에 대한 모든 연구는 이 책을 바탕으로 하고 있다. 《춘추좌씨전》은 열국의 흥망성쇠를 담고 있

으며, 당시의 사화상과 인간 군상들의 삶을 생생하게 보여준다는 점에
서 역사적인 사료로서의 가치를 지닌다.

04 사기

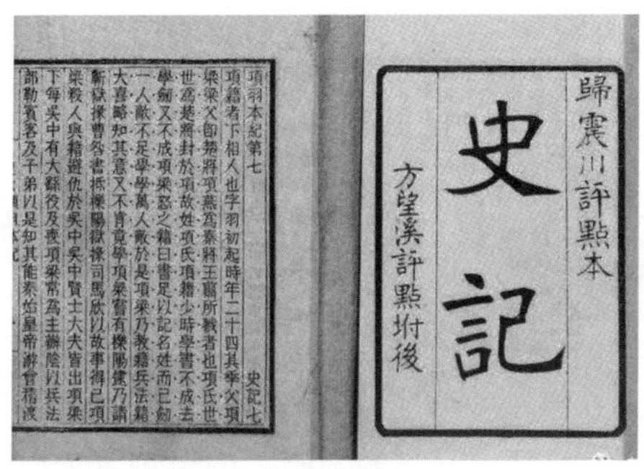

《사기》

《사기 史記》는 한나라의 학자이자 사상가인 사마천이 저술한 역사서이다. 이 책엔 중국의 전설시대부터 하, 은, 주, 춘추전국시대. 진나라, 한제국의 초기에 이르기까지의 역사가 기록되어 있다.《사기》는 본래 《태사공서》라 하였으나, 후한 말에 와서 《태사공기》라 하였다. 그리고 이를 줄여 《사기》라 이르렀다.

《사기》는 중국의 역사서 가운데 가장 대표적인 책으로 구성은 〈본기〉 12권, 〈표〉 10권, 〈서〉 8권, 〈세가〉 30권, 〈열전〉 70권 총 130권의 방대한 분량으로 이루어진 기전체 형식의 역사서로 사마천의 역작이다.《사기》를 쓸 당시 사마천의 직책은 태사령으로 천문관측, 달력개편, 국가대사와 조정의례의 기록을 맡았다. 그는 태사령이었던 아버지 사마담이 이루지 못한 꿈을 이루고자, 그리고 아버지의 유언을 받들어 《사기》 집필에 돌입했던 것으로 잘 알려져 있다.

사마천은 《사기》를 집필하던 중 뜻하지 않는 인생 최대의 고난을 맞게 된다. 그는 흉노에 투항한 이릉을 변호하다 무제의 심기를 건드려 분노한 그의 명에 의해 생식기를 잘리는 궁형에 처해지고 말았다. 당시 궁형은 남자에게는 가장 치명적이고 수치스러운 형벌이었다. 남성성을 잃은 남자의 비애는 말로 형언하기 힘들 만큼 고통 그 자체였다. 그렇다고 사마천은 스스로 목숨을 끊을 수도 없었다. 아버지의 당부에 따라 《사기》를 집필해야 했기에 수치스러워도 참으며 집필에 몰두해야 했고, 마침내 《사기》를 완성했다.

《사기》는 중국 역사에서 매우 의미 있고 가치를 지닌 책이지만, 그 이면에는 저자인 사마천의 굳은 의지가 담긴 인간승리의 책이라고 할 수 있다. 문학적으로 보면 《사기》는 문장은 간결하면서도 문체는 힘 있는 것으로 평가받는다. 그리고 역사적인 측면으로는 볼 때, 정사로 기록된 역사적 사건에 대해 그 시대의 생활상 등을 상세하게 알 수 있어 그 의미를 더한다.

05 자치통감

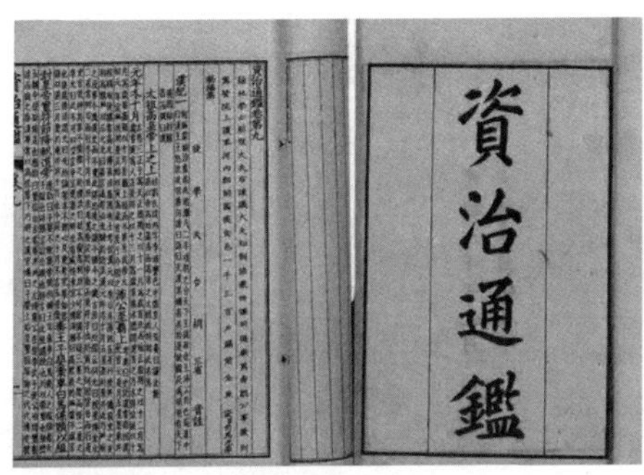

《자치통감》

《자치통감 資治通鑑 》은 북송의 사마광이 지은 역사서로 일명 '제왕의 책'이라고 한다. 이 책은 고대에서 당나라 말까지 고대 중국 16개조 1362년의 역사를 다룬, 총 294권의 방대한 책으로 처음에는《통사 通史 》라 이름을 붙였다. 그런데 사마광이 신종에게 이 책을 바치자. 신종은 이 책은 정치에 대한 교과서라고 할 만하다며,《자치통감》이라는 책 이름을 지어주었다.

《자치통감》은 쓰기 시작해서 완성할 때까지 19년의 세월이 걸렸다. 이 책을 쓰는 동안 한대사의 권위자로 손꼽히던 유빈이 전후한 시대를 맡아 했으며, 당대사는 사마광의 제자인 범조우가 맡아 했다. 그리고 삼국에서 남북조에 관해서는 당시 사학연구의 권위자였던 유서가 맡았다. 이렇듯 많은 학자들의 도움이 있었으며, 사마광은 정기가 고갈이 날 정도로 온 힘을 쏟아 부었다고 스스로 말할 만큼 심혈을 기울였다.

사마광이 이 책을 저술한 목적은 주나라의 위열 왕이 진晉 나라의 3경을 제후로 인정한 기원전 403년부터 오대십국 시대의 후주의 세종 때인 959년에 이르기까지, 1362년의 정치적 변천과정을 정리함으로써 대의명분을 밝혀 제왕의 치정의 거울로 삼고자 함이었다. 그런 까닭에 이 책인 사마광의 역사관이 집약적으로 나타나 있다.

이 책엔 각 왕조의 정사正史 외에 실록, 야사, 소설 등 잡사雜史 322가지가 사용되었으며, 이 자료에게 대한 고증을 거쳤다. 그런 까닭에 높은 사료적 가치를 지닌 책으로 평가받고 있다. 현재 우리가 흔히 알고 있는 《자치통감》은 송나라 유민인 호삼성의 주석이 달린 형태의 책이다. 이 책은 철저한 고증으로 정확성이 높고 수준도 높은 책으로 평가받는다. 《자치통감》은 송나라 대에 큰 영향을 주었으며, 우리나라의 역사연구에도 많은 영향을 주었다.

06 맹자

《맹자》

《맹자孟子》는 BC 280년경에 쓴 책으로 맹자의 언행을 기록하고, 다른 사상가들과 논쟁한 것을 기록한 어록이다. 또한 맹자의 주요 사상인 인의仁義의 도덕을 강조한다. 《사기》에 의하면, 《맹자》는 맹자가 은퇴한 후 제자와 함께 저술한 설이 있으나, 실제로는 맹자 말년이나 사후에 제자들이 맹자가 남긴 말을 기록하여 엮은 책이라는 설이 지배적이다.

《맹자》는 〈양혜왕편〉〈공손추편〉〈등문공편〉〈이루편〉〈만장편〉〈고자편〉〈진심편〉 등 총 7편으로 구성되어 있다. 〈양혜왕편〉은 맹자가 제후국을 돌아다니며 자신의 사상을 펼친 부분으로 상편 7장, 하편 16장으로 되었다. 맹자는 양혜 왕에게 왕도정치를 펼쳐야 한다고 조언한다. 다시 말해 왕은 백성과 함께 즐거움을 나눠야 한다고 말하며, 왕이라도 잘못하면 왕위에서 물러나야 한다고 주장한다.

〈공손추편〉은 왕의 통치에 대해 말한다. 상편 5장, 하편은 10장으로 되어 있다. 왕이 전 대륙을 통치하는 천자가 되기 위해서는 먼저 백성을 풍요롭게 하고, 인간에게는 인륜을 가장 중요하니 이를 저버리면 안 된다고 말한다. 〈이루편〉은 상편 28장, 하편 33장으로 구성되어 있다. 자신의 본성을 추구하고 자신을 바르게 할 것을 주장한다. 〈만장편〉은 상하 각 8장으로 구성되어 있다. 덕이 천도와 합치면 도를 얻고, 마음이 어질면 천하 사람을 얻으니 인도仁道를 행할 것을 주장한다.

〈고자편〉은 상편 20장, 하편 16장으로 구성되어 있다. 맹자와 고자가 인성에 대해 말한 내용으로 인의는 내적인 것이 구하면 얻을 수 있으며, 구하지 않으면 잃어버린다는 내용이다. 〈진심편〉은 상편 46장, 하편 38장으로 구성되어 있다. 나라에서 백성이 가장 귀하고, 학문에는 순서가 있어야 한다는 것이 주된 내용이다.

《맹자》는 오랫동안 높이 평가받지 못했다. 그러다 남송의 주자가 《맹자》를 사서의 하나로 인정하고, 주석한 후에 십삼경의 하나로 인정받았다.

07 대학

《대학》

《대학 大學》은 사서 중 하나로《예기》의 제 42편이었으나, 송나라 시대에 성리학이 매우 중요시되었다. 송나라 유학자 주희가 이 책을 공자의 사상을 바탕으로 하여 증삼과 그의 문하생들이 만든 것이라 주장하였다. 그리고 원문을 수정하여 자신이 주석을 달고 저술하여《대학장구》라 이름하였다. 주희는《논어》《중용》《맹자》와 더불어 사서四書라 명명하고 학문을 처음 배우는 이들의 필독서로 삼은 까닭이다.

《대학》은 자기수양을 완성하고 사회질서를 이루는 과정을 다룬다. 다시 말해 수신제가치국평천하를 이루기 위한 교과서와도 같은 책이다. 그리고 그 의미를 크게 두 가지로 정리할 수 있다. 하나는 통치자가 근본으로 사는 통치자의 책이며, 또 하나는 인격도야를 위한 책이 그것이다. 또한《대학》은 소학을 마치고 태학에 입학하여 배우는 교재와 같다고 할 수 있다.

《대학》은 유가의 주요 사상을 체계적이고 일목요연하게 설명한다. 주희는 사서 중 대학을 맨 앞에 놓을 만큼 이를 매우 중요시하였다.

《대학》의 주요 내용을 담은 삼강령과 팔조목은 다음과 같다.

삼강령은 첫째, 명명덕은 자신의 밝은 덕을 드러냄을 말하고 둘째, 신민은 자신의 밝은 덕으로 백성을 새롭게 하고 셋째, 지어지선은 최선을 다해 가장 합당하고 적절하게 처신함을 말한다.

팔조목은 첫째, 격물은 세상의 모든 것의 이치는 찬찬히 따져 보고 둘째, 치지는 지식과 지혜가 극치를 이르게 하고 셋째, 성의는 의지를 성실히 하고 넷째, 정심은 마음을 바로 잡아야 하고 다섯째, 수신은 몸과 마음을 수양하고 여섯째, 제가는 집안을 화목하게 이끌고 일곱째, 치국은 나라를 잘 다스리고 여덟째, 평천하는 세상을 화평하게 하는 것을 말한다.

《대학》은 1,750자의 짧은 글이지만, 사서 중 으뜸으로 맨 앞자리에 놓았다.

08 회남자

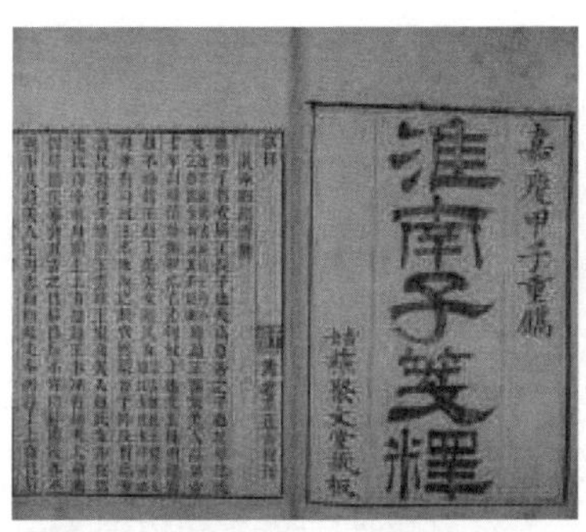

《회남자》

《회남자 淮南子 》는 제자백가와 당대의 지식을 총망라한 중국의 대표적인 고전으로 BC 2세기 한 고조 유방의 증손자이자, 한 무제 시대의 제후였던 회남왕 유안의 주도 아래 여러 사람이 함께 저술한 저작으로 백과사전이라고 할 수 있다.

《회남자》는 내편 21권과 외편 33권으로 이루어졌지만 지금은 내편 21편만 전해지는데 그 구성은 다음과 같다. 1권 〈원도훈〉, 2권 〈숙진훈〉, 3권 〈천문훈〉, 4권 〈지형훈〉, 5권 〈시칙훈〉, 6권 〈남명훈〉, 7권 〈정신훈〉, 8권 〈본경훈〉, 9권 〈주술훈〉, 10권 〈무칭훈〉, 11권 〈제속훈〉, 12권 〈도응훈〉, 13권 〈범론훈〉, 14권 〈전언훈〉, 15권 〈병략훈〉, 16권 〈설산훈〉, 17권 〈설림훈〉, 18권 〈인간훈〉, 19권 〈수무훈〉, 20권 〈태족훈〉, 21권 〈요략〉등 모두 21권으로 구성되어 있다.

유안의 신하 가운데 많은 학자들이 있었다. 그 당시 유교를 중심으로 사상을 일체화하려는 풍토가 조성되고 있었기 때문이다. 유안은 유가를 '속세의 학문'이라며 비판했다. 유안은 우주 만물은 도道에서 나왔고, 도는 은택, 다시 말해 은혜와 덕택이 너무 높아 다가갈 수 없고, 너무 깊어서 헤아릴 수 없다고 보았다. 그러나 "백성들을 이롭게 할 수 있다면 옛것만 따르지 않고, 일에 이롭다면 옛것만 쫓을 필요는 없다."고 주장하였다. 다시 말해 자연과 인간이 사는 세상을 조화롭고 질서 있게 하려는 의도가 담겨 있다. 이런 관점에서 볼 때《회남자》는 노장사상을 띤 도가적 경향을 보였다.

09 예기

《예기》

《예기禮記》는 공자와 제자들이 편찬한 것으로써 중국 5경 가운데 하나이다. 이 책은 예법의 이론과 실제를 쓴 책으로, 공자가 직접 쓴 책에는 '경'자를 붙이는 관계로 원래 이름은《예경禮敬》이다. 그런데 BC 2세기경 대덕과 그의 조카인 대성이 원문을 다듬는 가운데 '경'자가 빠지게 되었다.

공자는 하夏, 은殷, 주周 3대 이래의 의례와 예절을 집대성하여 체계화하는 것은 자신이 해야 할 일이라고 여겼다. 그는 제자들을 가르침에 있어 예를 중시하고, 실천하는 것을 덕목으로 여겼다. 공자 사후에 제자들이 예에 대한 스승의 가르침을 전하고, 그에 대한 예설을 글로 적었다. 그 편수는 대략 200여 편이 되었다. 그후 대덕과 그의 조카 대성이 예설을 수집하여 편찬하였다.

대덕이 수집 편찬한 85편은 '대대례기'이고, 대성은 49편을 수집 편찬하였는데 이것이 '소대례기'이고 곧《예기》로 보는 학설이 주를 이룬다.《예기》에서는 곡례, 단궁, 왕제, 월령, 예운, 학기, 악기, 대학, 중용 등 총 49편을 다루는데, 도덕적인 면을 매우 중요하게 보았다.

성리학파의 주희는《예기》가운데 〈대학〉과 〈중용〉 2편을 각각 별개의 책으로 편찬하였다. 그리고 유교경전《논어》《맹자》와 더불어 4서에 포함시켰다. 그만큼 〈대학〉과 〈중용〉을 중요시했던 것이다.《예기》는 한마디로 예에 대한 기록과 그에 대한 해설을 정리한 유교경전이라고 할 수 있다.

10 장자

《장자》

《장자莊子》는 전국시대의 사상가인 장자莊子의 사상과 가르침을 쓴, 도가 계열의 책으로 장자와 여러 사람의 글을 편집한 것이다. 33편이 현존하는데 장자 자신이 쓴 책은 〈내편內篇〉 7편이며, 나머지는 〈외편〉 15편, 〈잡편〉 11편은 장자의 문하생들이 지은 것이라고 알려져 있다. 장자가 쓴 〈내편〉 7편은 〈소요유〉〈제물론〉〈양생주〉〈인간세〉〈덕충부〉〈대종사〉〈응제왕〉이다.

장자는 말로 설명하거나 배울 수 있는 도道는 진정한 도가 아니라고 가르쳤으며, 또한 도는 시작이나 끝이 없고 한계나 경계가 없다고 가르쳤다. 도에는 좋은 것, 나쁜 것, 선한 것, 악한 것이 없으니, 덕이 있는 사람은 환경이나 개인적인 집착, 인습, 세상을 낫게 만들려는 욕망의 집착에서 벗어나 자유로워져야 한다는 게 장자사상의 핵심이다.

또한 인간의 삶은 유한하지만 인식할 수 있는 자연은 무한하다. 그런 까닭에 유한한 인간이 무한의 자연을 추구하는 것은 우매한 일이라고 설파하였다. 장자의 이런 사상은 유학자들이 추구했던 도덕적인 가르침은 무의미하다고 본다. 다시 말해 자연의 순리를 따르고 '자연'으로 돌아가는 것, 그리고 '무無'로 돌아가는 것이야말로 진정한 삶으로 보았다.

이처럼 장자의 사상은 무위자연無爲自然의 처세철학을 담은 노자의 사상과 닿아 있다. 이른바 노장사상老莊思想으로 불린다. 특히 장자의 사상은 중국의 선불교 발전에 많은 영향을 주었다, 그리고 시기詩歌와 산수화에도 많은 영향을 끼쳤다.

《효경》

《효경 孝敬》은 유가의 주요 경전인 13경 가운데 하나다. 이 책은 개인의 수양은 물론 도덕의 근원이 되는 '효 孝'에 대한 주요 내용을 다루고 있다. 《효경》은 공자가 지었다는 설과 그의 제자인 증자와 증자의 제자들이 지었다는 설이 있다.

하지만 이는 확실한 것은 어떤 증거를 갖고 있지 않다는 게 정설이다. 그럼에도 이 책에 공자와 증자의 이야기를 많이 다루고 있다는 점에서 그리고 학풍으로 보아 증자와 그의 제자들이 지은 것으로 보고 있다.

《효경》에서 효의 의미는 크게 두 가지 관점에서 볼 수 있다.

첫째는 부모에 대한 효도를 바탕으로 집안의 질서를 세우는 일이다. "사람의 신체와 머리 털과 피부는 모두 부모에게 받은 것으로, 이를 훼손시키지 않는 것이 효의 시작이다."

이 글에서 보듯 나를 있게 한 부모에게 효를 다하는 것이 자식된 도리임을 강조한다.

둘째는 자신의 인격을 바르게 하고, 도리에 맞게 행함으로써 후세에 널리 이름을 알리는 것이다. 그리고 그렇게 함으로써 부모의 명예를 빛나게 하는 것이 효라는 것이다.

이에 덧붙여 부모에 대한 효를 바탕으로 집안의 질서를 세우는 것은 나라를 다스리는治國 일의 근본이며, 효도야말로 천天, 지地, 인人 3재를 관철하고 신분여하에 관계 없이 동일하게 적용되는 최고 덕목이자 윤리교본으로 정해지는 데 큰 역할을 했다. 한국, 중국, 일본 등 봉건사회에서는 '효'가 통치사상과 윤리관의 중심으로 자리 잡는 데 큰 역할을 했다.

우리나라는 삼국시대부터 《효경》을 매우 중요한 책으로 간주했다. 특히 신라 성덕왕 때 독서삼품과를 설치하고 필수 교과목으로 삼았다. 고려를 거쳐 조선시대에는 《효경》을 여러 차례 간행하여 널리 보급하였다.

12 명심보감

《명심보감》

《명심보감 明心寶鑑》은 고려 충렬왕 때 예문관대제학을 지낸 추적 秋適 이 공자와 장자 등의 금언과 명구를 가려 뽑고, 유교와 불교 등의 사상을 모아 편찬했다. 《명심보감》은 계선, 천명, 순명, 효행, 정기, 안분, 존심, 계성, 근학, 훈자, 성심, 입교, 치정, 치가, 안의, 준례, 언어, 교우, 부행 婦行 등 총 19편으로 구성되어 있다.

이후 《명심보감》은 중국으로 전해졌고, 법입본이 법립본이라고도함 이 추적이 가려 뽑지 못한 문구를 추가 보강하여 편찬하였다. 이를 일명 '청주본'이라고 한다. 그후 우리나라로 다시 들어와 서당에서 아이들을 위한 학습서로 사용되었다.

《명심보감》은 충과 효와 예 등 가정교육을 중심으로 해서 엮은 것으로, 유교적 교양과 심성교육을 바탕으로 하고 있다. 《명심보감》은 우리나라에만 수십 종에 이르는 판본이 전해진다. 또한 중국, 베트남, 일본을 비롯해 네덜란드어와 독일어로도 번역되어 유럽에도 전해졌다. 뿐만 아니라 동양문헌 가운데 최초로 외국어로 번역된 책으로 그 의미도 매우 크다.

《명심보감》에 자주 나오는 주요 학자들을 보면 공자, 강태공, 장자, 순자, 소동파, 주문공, 소강절, 마원, 사미온공, 정명도 등이다. 많이 인용한 책으로는 《경행록》《공자가어》《예기》《역경》《시경》《성리서》 등이다. 《명심보감》은 《천자문》《동몽선습》과 더불어 조선시대 어린이들의 대표적인 입문서로 가장 널리 읽힌 책 가운데 하나다. 《천자문》을 익힌 어린이들이 반드시 읽어야 할 필독서였다.

13 근사록

《근사록》

《근사록 近思錄》은 중국 남송시대의 철학자 주희와 여조겸이 공동으로 편찬한 성리학 해설서이다. 근사 近思란 《자장》편에 나오는 "간절하게 묻고 가까이에서 생각해 나간다면, 인은 그 안에 있다."는 말에서 따온 것이다.

이 책은 송대 이학가 주돈이, 정호, 정이, 장재 등의 어록 가운데서 가려 뽑은 것을 편찬한 것으로 14문으로 나뉘어져 있고, 총 622조 14권으로 되어 있다. 송나라 때 초학자를 위한 입문서로 삼았다.

《근사록》은 우주와 인간의 근본 원리를 설명한 도체, 학문을 하는 데 필요한 핵심이 되는 말인 〈논학〉, 사물의 이치를 끝까지 밝혀 만물의 하나의 이치를 이루는 〈치지〉, 하늘이 준 선한 마음을 잃지 않고 기르도록 해야 한다는 〈존양〉, 사욕을 극복하고 올바르지 못한 생각을 고쳐야 한다는 〈극치〉, 수신제가치국평천하 修身齊家治國平天下 라는 말에서 제가의 도에 대한 '가도', 벼슬을 하고 물러나 집에 머무는 원칙에 대한 '출처', 치국평천하에 대한 글만 모은 '치체', 천하를 다스리는 데 필요한 예법과 제도에 대한 '치법', 정치할 때 마음가짐에 대한 '정사', 교육에 대한 글을 모은 '교학', 잘못을 고치고 몸에 지니기 쉬운 결함에 대한 '계경', 정통학문인 유교를 지키고 불교와 노장을 배격하는 '변별이단', 고대 성현의 풍속에 대한 말을 모은 '총론성현' 등으로 구성되었다.

《근사록》에서 말하는 진정한 학문적 자세는 가깝고 쉬운 것부터 차근차근 실천해 나감으로써, 천허의 우주로 넓혀가는 것이라 했다. 주희는 《근사록》을 편찬한 후 후대에 주자 朱子 라고 높임을 받았다.

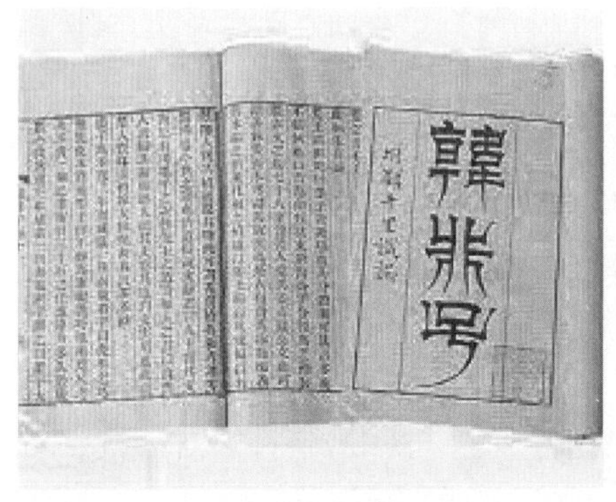

《한비자》

《한비자 韓非子 》는 중국 전국시대 한비 韓非 등이 쓴 법가사상을 집대성한 책이다. 이 책 역시 여러 사람들이 쓴 저작물로 총 55편으로 이루어져 있다. 이 책의 주요 내용은 군주의 절대적 군주권의 수립 및 국가 전체의 질서를 바로 세우려는 문제의식을 다룬다.

한비가 활동하던 당시는 중국 역사상 강대한 제후 국가들 끼리 전쟁을 일삼던 시기였다. 또한 신하가 군주를 시해하고, 자식이 부친을 살해하는 등의 비윤리적인 일들이 빈번하게 일어난 혼란스러운 시기였다. 그런 까닭에 한비는 기존의 사고방식을 새롭게 깨칠 필요성을 느꼈다. 그래서 그는 법치 法治 라는 새로운 틀을 세워 나라를 다스릴 것을 주장하였다. 그리고 이에 대해 55가지로 분류하고 그에 대한 세부적인 내용을 담아 썼다.

그 구성의 주요 골자를 보면 초진견, 존한, 난언, 애신, 주도, 유도, 이병, 양권, 팔간, 십과, 고분, 세난, 화씨, 간겁시신, 망징, 삼수, 비내, 남면, 식사, 해로, 유로, 설림 상하, 관행, 안위, 수도, 용인, 공명, 대체, 내저설 상 칠술, 내저설 하 육미, 외저설 외 좌상, 좌하, 우상, 우하, 난1, 난2, 난3, 난4, 난세, 문변, 문전, 정법, 설의, 궤사, 육반, 팔설, 팔경, 오두, 현학, 충효, 안주, 칙령, 심도, 제분 등이다.

진나라 시황제는 《한비자》를 읽고 경탄하여 한비를 만나고 싶어 했다. 그러나 동문수학하던 이사의 간교로 한비는 옥에 갇히게 되고, 이사가 보낸 독을 먹고 비참한 최후를 마쳤다. 진나라 시황제는 자신의 정책을 《한비자》의 법가사상에 따라 세웠을 정도로, 《한비자》는 그에게 사상적인 어머니와도 같았다.

15 열자

《열자》

《열자列子》는 《노자》《장자》와 함께 중국 도가 경전 가운데 하나로 《충허지덕진경》이라고 한다. 이 책을 쓴 저자는 중국 전국시대의 도가사상가인 열자列子로 이름은 어구이다. 하지만 그가 실존 인물인지 아닌지 학자들의 의견이 분분하다. 실존 인물이라고 주장하는 학자들은 그가 BC 400년경 정나라에서 태어난 노자의 제자의 제자라고 주장한다.

《한서》와 《예문지》에는 8편으로 기록되었으나 없어지고, 현재 전하는 《열자》 8편은 진나라 장담이 쓴 것이다. 그 구성을 보편 〈천서天瑞〉〈황제皇帝〉〈주목왕周穆王〉〈중니仲尼〉, 〈탕문湯問〉〈역명力命〉〈양주楊朱〉〈설부說符〉이다.

《열자》에는 만간고사, 우화, 신화, 전설이 많이 실려 있다. 그 가운데에 널리 알려진 것을 꼽자면 '기우杞憂', '우공이산愚公移山' 등이 있는데, 이들 이야기는 예로부터 잘 알려진 이야기로 매우 흥미롭고 교훈적이라고 할 수 있다. 하지만 이는 《맹자》《회남자》에 나오는 양주사상과는 다르다.

《열자》는 도교가 유행하면서 도교경전으로 인정받아 《충허진경》《충허지덕진경》으로도 불린다. 《열자》는 고대 우화의 보고寶庫로서 그 가치가 크다는 데 있다.

16 채근담

《채근담》

《채근담 採根譚》은 명나라 고전문학가인 홍자성 본명 홍응명의 어록으로 삼교일치의 처세 철학서다.《채근담》은 경구풍의 단문으로 구성되었는데, 전편 222조, 후편 135조 등 총 359조로 구성되어 있다.

전편은 사람들과의 교류 곧 소통하는 것을 말하고, 후편은 자연에 대한 관조와 그 즐거움에 대해 말한다. 그리고 나아가 삶의 처세에 대해 말한다. 이 책은 유교와 도교, 불교 등의 사상을 포함하여 폭 넓은 가르침을 줌으로써 교훈을 얻게 한다.

《채근담》의 가장 큰 특징은 쉽고 짧은 문장으로 전하고 있다. 또한 고전에서 가려 뽑은 문장만이 아닌, 평범한 일상에서 저자가 깨달은 지혜를 전해준다는 점이다. 그런 까닭에 읽는 데 지루하지 않고, 누구나 쉽게 접할 수 있어 인생을 살아가는 데 큰 도움이 되는 처세서라고 할 수 있다.

지은이에 대해 잘 알려지지 않은 것이 아쉬움으로 남지만, 진사 우공겸의 친구로 쓰촨 성의 사람으로 추정할 뿐이다. 홍자성은 어지러운 난국에도 참다운 사람 사는 길이 무엇인지를 모색했다는 것과 자신의 생각을 책으로 저술했다는 것에 대해 그의 진정성을 엿보게 한다. 홍자성의 저서로는《선불기종》8권이 있으며,《채근담》과 함께《희영헌총서》에 들어 있다.

17 삼국지

《삼국지》

《삼국지三國志》는 후한이 멸망하고 삼국이 정립한 뒤부터 진나라가 통일을 이룬 시기까지를 다룬 역사서이다. 《삼국지》는 서진의 진수가 쓰고, 송나라 배송지가 주석을 붙였다. 《사기》《한서》《후한서》와 함께 중국 전사자로 불리며 이십사사二+四史 가운데 하나다.

　《삼국지》는 문장이 간결하고 역사적인 사실이 잘 정리된 정사正史로 평가받는다. 이 책을 편찬한 진수는 촉나라의 관리였다 촉나라가 멸망한 뒤엔 진나라 관리가 되어《삼국지》총 65권을 완성했다. 그 구성은 위서 30권, 촉서 15권, 오서 20권으로 되었다.

　《삼국지》는 위나라를 정통왕조로 보고 있다. 진수는 전기인 본기를 위나라 황제들로 엮고, 촉과 오의 황제는 열전에 편입하였다. 무제, 명제 등 제호를 붙인 것은 위나라뿐이다. 유비와 그 아들 유선은 산주와 후주로 기술하였다. 그리고 오나라 왕들은 주자를 붙여 쓰거나 이름을 그대로 쓰기도 했다. 그 이유는 진나라가 위나라를 이어 세워진 나라이기 때문이다.

　그러나 이러한 진수의 역사관은 습작치의 《한진춘추》와 주희의 《자치통감강목》이 촉나라를 정통으로 보면서 논쟁을 일었다. 《삼국지》는 송나라의 문제의 명을 받은 배송지가 《삼국지》에 주를 달았는데, 이를 《삼국지주》라고 삼기도 하고 《배송지주》라고 한다. 배송지는 200여 권이 넘는 사서를 참고하여 주를 달았다. 그로인해 《삼국지주》는 사료적인 가치를 지닌 책으로 인정받는다. 정사 《삼국지》는 명나라 나관중이 지은 소설 《삼국지연의》보다 덜 알려진 것은, 나관중의 《삼국지연의》가 경극 등의 소재로 하여 널리 알려졌기 때문이다.

18 정치학

《정치학》

《정치학》은 기원전 4세기 아리스토텔레스가 저술한 정치철학서다. 플라톤의 '정치철학'을 근본으로 하여 아리스토텔레스가 정점을 이뤘다고 할 수 있다. 아리스토텔레스의《정치학》은 그 주체가 국가이며, 국가의 형성과 구조 그리고 바람직한 국가 형태에 대해 말한다. 또한 정체론과 통치의 기술 등에 대해서도 말한다.

《정치학》은 총 8권으로 이루어졌다.

제1권은 가정과 마을의 공동체적 개념으로서 도시 혹은 정치적 공동체의 정의와 구성에 대해 말한다. 가정은 국가를 이루는 최소의 구성 단위로서 중요한 요소이다. 가정이 모여 마을을 이루고, 도시를 이루고, 국가를 이루기 때문이다. 그러나 국가는 가정과 마을, 도시보다 우선한다.

제2권은 플라톤이 말한 이상국가의 이론과 현실의 최선이라는 국가제도에 대해 비판한다.

제3권은 높은 덕을 지닌 통치자의 아래에서만 선량한 국민으로 하나가 된다 하였다.

제4권은 정치학은 현실적인 것이기에 현실의 여러 국가제도와 그 차이에 대해 말한다.

제5권과 6권은 민주제와 과두제 소수의 우두머리가 국가 최고 기관을 조직하여 행하는 독재적인 정치 의 조직방식에 논한다. 그리고 플라톤의 '국가'에 있는 변혁에 대한 주기성이 역사적 실제와 맞지 않다고 비판한다.

　제7권과 8권은 각 개인의 행복과 국가의 행복은 같고, 최선의 생활
은 철학적 사유의 활동이라는 점을 강조한다.

　한 마디로 함축한다면, 아리스토텔레스는《정치학》을 통해 현실주
의적인 국가론을 전개하고, 정치적 구심점을 잃은 현대인들에게 공동
체적인 사상을 가질 것을 강조한다. 아리스토텔레스의《정치학》은 마키
아벨리, 홉스 등에게 영향을 끼쳤으며, 헤겔에게도 큰 영향을 끼쳤다.

19 군주론

《군주론》

《군주론君主論》은 이탈리아의 정치 철학자인 마키아벨리가 쓴 16세기의 정치학에 대한 책이다. 다시 말해 르네상스 시대에 종교적 권위에서 해방된 새로운 국가관을 주장하며, 권력 국가론과 근대 사회계약론 등 두 가지의 관점을 지니고 있다.

마키아벨리는 이탈리아 피렌체에서 태어났다. 그는 피렌체의 관청 서기관은 역임하고, 외교와 군사 문제를 담당하는 '10인 위원회'의 비서관으로 15년 동안 외교사절로 활동하였다. 그는 외교활동을 통해 뛰어난 정치가들을 만났는데, 그 가운데 군주론의 모델이 된 체사레 보르자에게 큰 영향을 받았다.《군주론》은 이러한 그의 경험을 생생하게 담아내, 정치의 현실주의적인 감각을 잘 나타냈다고 평가를 받는다.

"군주된 자는 특히, 새롭게 군주의 자리에 오른 자는 나라를 지키는 일에 곧이곧대로 미덕을 지키기는 어려움이 따름을 명심해야 한다. 나라를 지키려면 때로는 배신도 해야 하고, 또 때로는 잔인해져야 한다. 인간성을 포기할 때도, 신앙심을 조차도 잠시 잊어버려야 할 때가 있다. 그러므로 군주에게는 운명과 상황이 덜라지면 그에 맞게 임기응변이 필요하다."

《군주론》의 핵심은 '군주는 사자의 양면성과 여우의 양면성을 동시에 지녀야 한다.'는 것이다. 다시 말해 중세의 도덕률이나 종교관에서 벗어난 강력한 군주만이 분열된 이탈리아를 구원할 수 있다고 말한다. 하지만 마키아벨리는 이 책으로 인해 성직자들에게서 '악마의 대변자'라는 비판과 저주를 받았다. 그후 마키아벨리는 '공화주의자', '애국자'

라는 평가를 받았으며, 19세기 이후에는 '정치이론의 발견자'라는 칭송
과 함께 정당한 평가를 받았다.

20 사회계약론

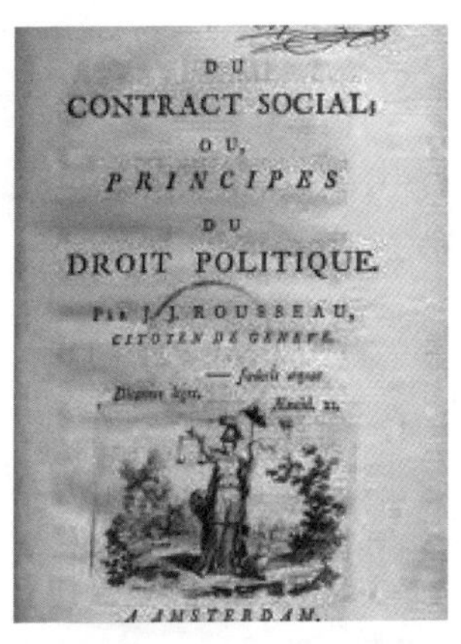

《사회계약론》

　장 자크 루소의 《사회계약론》은 1762년 출간된 그의 대표적인 저서이다. 《사회계약론》은 4편으로 구성되어 있다.

　제1편은 '인간은 자유롭고 평등한 존재'이다. 인간은 자유롭고 평등한 존재이나, 인간의 자유와 평등을 억압하는 것들로 인해 오히려 부자연스럽고 불평등하다. 루소는 이에 대해 시민의 자유와 평등한 관계를 확보하는 데에는 철저한 국민주권만이 반드시 필요한 요건이라고 주장하며, 주권의 개념을 정치제도 속에만 제한을 두지 않고, 인간의 도덕적 가치에도 그 의가 있음을 보여준다.

　제2편은 '시민의 권리와 인간의 권리'이다. 주권은 각 국민의 의지의 행사이다. 이는 그 사람만이 갖는 고유한 권리이다. 그래서 타인에 의해 좌지우지될 수 없다. 하지만 주권에 대한 제한이 따라야 한다. 시민으로서 국가의 구성원으로서 지켜야 할 의무가 따르기 때문이다.

　제3편은 '정부 형태는 민주정, 귀족정, 군주정'이다. 민주정은 국민이 정부에 위탁하며 입법권, 집행권이 함께한다. 그러나 인간에게 적합한 정부는 아니다. 귀족정은 소수에게 집행권이 위임된다. 루소는 선거에 의한 귀족정이 가장 이상적인 정부 형태라고 주장한다. 군주정은 한사람에게 권력이 집중된다. 강력한 정부 형태이나 그로인해 행복이 억압받을 수 있고 국가가 흔들릴 수 있다고 본다.

　제4편은 '인간의 종교와 시민의 종교로 구분하다.'이다. 인간의 종교는 지고란 신에 대한 순수한 신심을 지니는 것으로 보았다. 그러나 시민의 종교는 한 국가에서만 믿는 종교, 다시 말해 국교로 법에 따라 지켜

진다. 이는 국가의 힘을 결집시키는 효과는 있지만, 개인의 신심을 제한하는 등 부정적으로 작용한다.

《사회계약론》의 요점은 사회와 국가는 자유롭고 평등한 개인들의 자발적인 동의에 의해 성립 근거가 마련되는 것이다. 이러한 루소의 정치사상은 프랑스 혁명에 영향을 끼쳤으며, 근대 민주주의 '사상고전'으로 평가받는다.

21 자유론

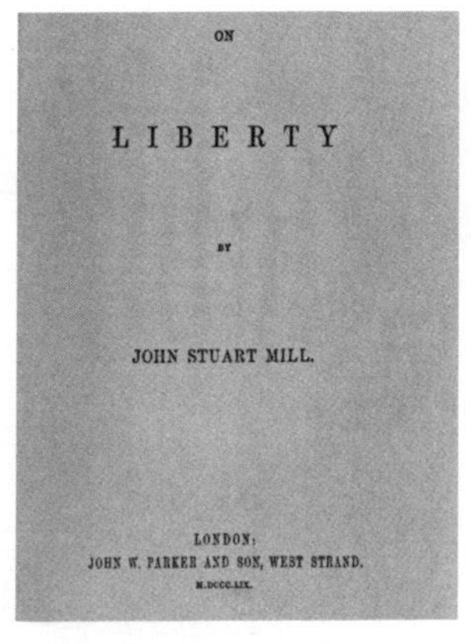

《자유론》

《자유론自由論》은 자유에 대한 고찰을 에세이 형식으로 쓴 존 스튜어트 밀의 저서이다. 이 책에서 밀은 다수의 횡포에 대해 개인의 자유를 옹호하고, 사상과 토론의 자유를 논하며, 그 어떤 국가나 사회도 개인의 개성과 자유를 억압할 수 없음을 주장한다.

《자유론》은 총 5장으로 구성되어 있다.

제1장은 '서론'으로 밀은 자유에 대해 말하기를, 자유란 자유의지가 아닌 사회가 개인에 대해 정당하게 행사할 수 있는 권력에 대한 한계와 개인에 대한 사회의 간섭을 정당화하는 방법으로 '자기방어'에 대해 말한다. 다시 말해 타인에게 가해지는 해악을 방지하기 위해서만 권력을 행사해야 한다는 것이다. 왜 그럴까? 그것은 자신이 행복하려고 하듯, 타인 또한 행복해지려고 하는 것을 방해하지 말아야 하기 때문이다.

제2장은 '사상과 토론의 자유'로 사상과 토론은 진리를 추구하는 데 반드시 필요로 하는 바, 그것을 다수가 형벌을 가하고 억압하는 것은 잘못이라고 말한다.

제3장은 '행복한 요소로서의 개성에 대하여'로 행동과 생활의 자유에 대해 말한다. 그리고 이것이 습관이나 전통의 지배를 받으면 개인과 사회의 진보는 저해된다고 말한다.

제4장은 '개인에 대한 사회적 권위의 한계'로 개인 사이에 서로의 이익을 침해하지 말아야 함을 말한다. 또 사회와 구성원의 침해에서 자기를 보호하기 위해서는 각자에게 부과된 노동과 희생을 분담할 것을 말

한다.

제5장은 '원리의 작용'으로 앞에서 말한 원리를 실제 문제에 적용하는 것으로, 교육과 정부가 지나치게 하는 간섭의 제한에 대해 말한다. 왜 그럴까? 정부의 간섭에 의해 정부의 권력이 지나치게 커질 수 있기 때문이다.

《자유론》은 한 마디로 개인의 자유는 그 어떤 권력이나 사회나 국가도 간섭할 권리가 없음을 말한다. 이런 관점에서 볼 때, 존 스튜어트 밀의《자유론》은 매우 획기적인 자유 철학서라고 할 만하다.

22 법의 정신

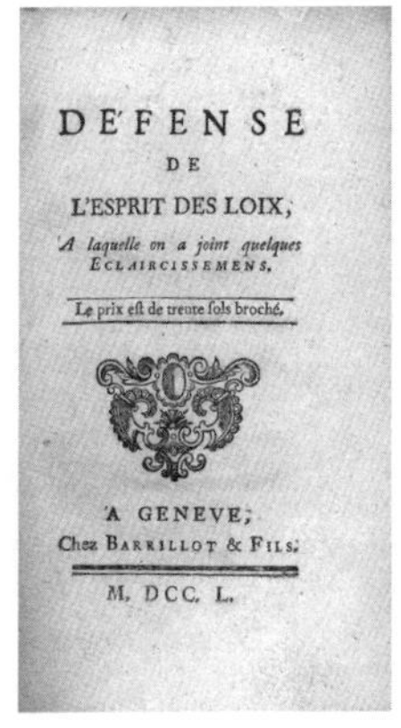

《법의 정신》

　　계몽주의 시대의 프랑스 정치사상가인 몽테스키외는 《법의 정신》에서 삼권분립을 주장하였다. 미국은 이 책의 영향을 받아 세계 최초로 삼권분립국가가 되었다. 몽테스키외는 프랑스 귀족 세콩다 가문에서 태어났다. 그는 보르도대학교를 졸업하고, 죽은 작은 아버지 남작의 작위와 보르도 고등법원 부원장의 자리를 물려받았다.

　　프랑스 아카데미 회원으로 선출된 그는 《법의정신》을 쓰기 시작했다. 그리고 1748년 스위스 제네바에서 익명으로 출간하였지만, 그가 저자라는 사실이 알려졌다. 그후 이 책은 프랑스와 영국을 비롯한 유럽 전역에서 큰 반향을 불러일으켰다.

　　《법의 정신》은 상하 두 권으로 모두 31편으로 구성되어 있다. 1편에서 8편까지의 제1부는 군주제와 공화제, 전제의 정치체제와 법의 관계성에 대해 쓰여 졌으며, 9편에서 13편까지의 제2부는 삼권분립과 정치적 자유적 실현에 대해 말하고, 14편에서 19편까지의 제3부는 법과 국가가 추구해야 할 목적에 대해 말하고, 20편에서 23편까지의 제4부는 법과 경제에 대해 말하고, 24편에서 26편까지의 제5부는 법과 종교와 관련해 시민복리에 대해 말하고, 27편에서 31편까지의 제6부는 로마의 상속법과 봉건법 등에 대해 말한다.

　　《법의 정신》의 주요 핵심은 군주제나 혹은 공화제가 전제로 변질되는 것을 막음으로써 정치적 자유를 실현하는 것이며, 이를 위해서는 삼권분립이 실행되어야 함을 말한다. 또한 삼권분립은 서로를 견제함으로써 잘못될 수 있는 정치적 폐단을 막을 수 있음을 주장한다. 따라서 《법의 정신》의 목적은 무책임한 자유가 아닌 법이 규정한 법제 안에서

자유의 보장을 위한 것이다.《법의 정신》에서 삼권분립이 그 중심에 있
고, 삼권분립은 정치적 자유 실현에 크게 기여하였다.

23 팡세

《팡세》

프랑스의 수학자이자 철학자인 블레즈 파스칼의 《팡세》는 파스칼의 사후, 그의 가족과 친척들이 그의 글을 모아 《종교 및 기타주제에 대한 파스칼 씨의 팡세》라는 제목으로 펴냈다. 여기서 '팡세'는 '생각'이라는 뜻이다. 《팡세》에는 '인간은 생각하는 갈대다.'라는 명제로 유명한 파스칼의 말이 들어 있다. 이 책은 파스칼이 사람들에게 그리스도교의 진리를 전하기 위한 목적으로 쓴 수백 편의 단상을 모은 것이다.

파스칼이 《팡세》를 쓰게 된 동기는 그의 조카딸이 몇 년 동안 눈병으로 고생을 했는데, 그녀의 병을 낫게 해준 성스러운 가시나무를 본 후였다. 파스칼은 자신이 느끼고 생각한 것을 노트에 기록하기 시작했다. 그가 사망하기 무렵 900편이나 될 만큼 그는 열정을 기울였다. 그리고 그의 사후 그의 가족과 친척들이 그의 유지를 받들어 펴낸 것이다.

《팡세》의 내용 가운데 '인간은 광활한 우주, 곧 광대무변한 것에 비해 하나의 점과 같은 나약한 존재이다. 그러나 생각하는 갈대다.'라는 말은 그의 생각을 함축적으로 잘 보여준다. 이는 무엇을 말하는가. 인간은 비록 하나의 점과 같이 보잘 것 없는 존재이지만, 우주를 감싸 안을 만큼 존엄성을 지닌 존재라는 것이다.

하지만 이런 인간도 해결할 수 없는 것으로 인해 모순에 이르게 된다. 그래서 인간으로 해결할 수 없는 모순은 하나님의 위대함과 인간의 나약함을 하나로 체현할 수 있는 예수 그리스도에 의해서 해결될 수 있다는 것을 말한다. 말하자면 예수 그리스도는 하나님과 인간을 연결하는 매개자인 것이다. 그런 까닭에 인간은 반드시 예수 그리스도를 통해서만이 절대자인 하나님과의 신앙적 교류를 이어갈 수 있는 것이다. 한 마디로 말해, 신을 직관함으로써 신과 자신과의 영적 교류를 이룰 수 있다는 것이, 파스칼이《팡세》를 통해 전하는 주된 생각이라고 할 수 있다.

24 순수이성비판

《순수이성비판》

《순수이성비판》은 독일의 철학자 임마누엘 칸트의 대표적인 저서이다. 이 책은 칸트가 저술한 세 권의 비판철학서 가운데 하나로, 형이상학에서 벗어나 비판적·선험적 관념론을 처음 확립했을 뿐만 아니라, 수학과 물리학처럼 과학적 근거로 진리가 어떻게 성립할 수 있는가에 대해 논한다.

서유럽 근대 철학의 대가로 유명한 칸트는 어떤 사람인가를 아는 것은 그의 사상과 철학을 이해하는 데 많은 도움이 된다. 그만큼 그의 사상과 철학은 그의 삶에 녹아 있다는 방증이기 때문이다. 그는 어려서부터 규칙적인 생활을 몸소 실천했고, 그의 그런 습관은 일생을 살아가는 동안 한 번도 흐트러져 본 적이 없다. 그의 철저한 규칙적인 생활은 자신을 강화시킴으로써 자연스럽게 몸에 밴 습관이다. 칸트가 철학자로서의 업적은 자신과의 싸움에서 이김으로써 이룬 것이라는 점에서, 그의 사상은 더 한층 돋보인다고 하겠다.

《순수이성비판》에서 '순수이성'이란 말은 그가 만든 말로, 이는 인간의 주체성을 중시하는 칸트에게 있어 매우 중요하다. 여기서 이성은 신의 이성이 아닌 인간의 이성을 뜻하기 때문이다. 인간은 이성을 통해서만이 대상으로부터 인지하게 되고 그것을 수용하게 된다. 여기서 중요한 것은 직관을 통한 감성은 사유를 통해 인식이 성립된다는 것이다. 그리고 그것은 사물에 대해 논리적으로 이해하고 판단하는 능력인 오성여기서 오성은 지성을 말한다 으로서 작용되는 것이다. 그러니까 감성과 오성을 다 포함하는 개념이다.

안다는 것 다시 말해 '지知'는 포괄적인 개념이라면, 이성은 지보다 소수의 원리로 정리하는 것이라고 할 수 있다. 그런 까닭에 칸트는 형이상학은 이성적이 아니라 초월적인 것으로 보았으며, 이는 형이상학의 오류로 인식했다. 《순수이성비판》은 이러한 칸트의 생각을 잘 펼쳐낸 저작으로, 현대 철학의 기초가 된 중요한 고전이라고 할 수 있다.

25

죽음에 이르는 병

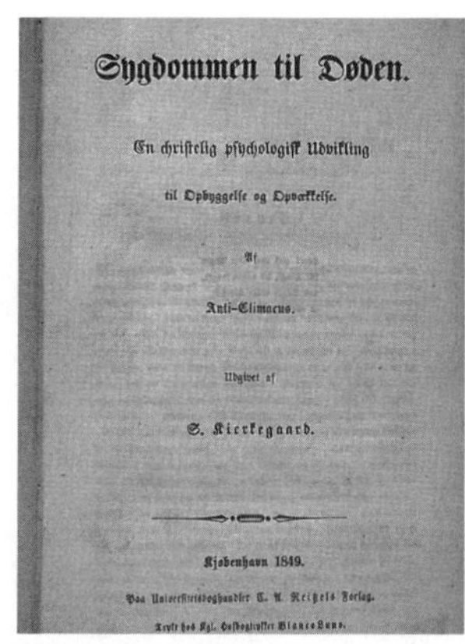

《죽음에 이르는 병》

《죽음에 이르는 병》은 덴마크 사상가 키르케고르의 대표작이다. 이 책에는 '건전한 덕과 각성을 위한 그리스도교적 심리학적 논술'이라는 부제가 있다. 이는 이 책이 그리스도교를 전파하기 위한 목적으로 저술되었다는 것을 알게 한다.

키르케고르가 이 책에 말하는 '죽음'은 '그리스도교적인 영원한 생명'을 상실하는 것을 의미한다. 그리고 '죽음에 이르는 병'이란 '절망'을 뜻한다. 그런데 여기서 알아야 할 것이 있다. 여기서 말하는 '절망'은 죽음에 이르는 병만이 아니라, 자신이 하나님께 더 가까이 다가가려는 노력의 고통이라는 것이다. 또한 그러기 때문에 그 자체는 축복이라는 것이다.

믿음이 신실한 신앙인들은 신실한 믿음을 쌓기 위해 그 어떤 고난도 묵묵히 감내해낸다. 그것은 신실한 믿음을 위한 고난은 고난이 아니라 축복으로 가는 길이라고 여기기 때문이다. 그런 까닭에 그 어떤 고통이나 절망이 밀려와도 개의치 않고 더욱 열정적으로 믿음을 향해 나아간다.

키르케고르는 신실한 신앙인들의 믿음에서 희망을 느꼈다는 것을 알 수 있다. 왜 그럴까? 그에게 있어 희망은 그리스도가 말한 '영원한 생명'이기 때문이다. 그런데 희망 없이 영원한 생명에 의지하지 않고 산다는 것은, 생명성이 없는 죽음과도 같은 삶이라는 것에 그의 생각이 이르렀고, 그랬기에 《죽음에 이르는 병》이라는 거대한 철학적 사상을 발현할 수 있었다,

　《죽음에 이르는 병》은 실존주의 철학자와 문학가들에게 영향을 주었으며, 신학자와 목회자들에게도 양향을 주었다. 또한 믿음에 대해 생각하는 계기를 마련하고, 사람들이 그리스도교를 받아들임으로써 보다 삶을 진실하게 살아가게 하는 희망, 다시말해 영원한 생명을 구현하는 데 그 목적이 있다.

26

차라투스트라는 이렇게 말했다

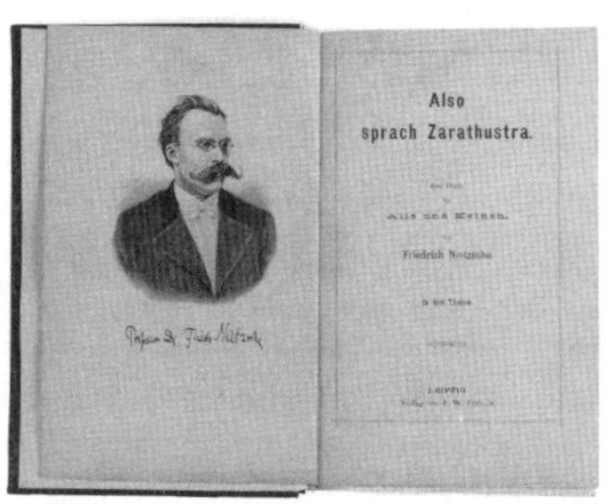

《 차라투스트라는 이렇게 말했다 》

독일의 철학자 프리드리히 니체의 《차라투스트라는 이렇게 말했다》는 그의 사상을 잘 알게 하는 대표적인 저서이다. 니체는 개신교 목사의 아들로 태어났다. 종교와 도덕, 문화, 철학, 과학에 대한 비평을 썼으며, 경구에 대한 자신만의 생각을 잘 표현했다.

약관의 24살에 스위스 바젤대학에서 교수로 고전 철학을 가르치며 꾸준히 강연활동을 벌였다. 1872년 첫 작품 《비극의 탄생》을 발표하였다. 그후 대학을 그만두고 십여 년 동안 긴 방랑생활을 하면서도 꾸준히 집필활동을 하였다. 그는 실존주의의 선구자적인 역할을 했으며 자유주의, 힘의 논리 등의 마키아벨리즘, 권위주의, 반대주의 등에 대해 강력히 비판한 것으로 유명하다.

니체는 《차라투스트라는 이렇게 말했다》에서 초인사상, 권력에의 의지, 영원회귀사상 등을 통해 자신의 주장을 펼친다. 그리고 '신은 죽었다.'라고 말한다. 나아가 '인간은 초극되어야 할 무엇이다.'라고 말하며, 인간의 허무주의를 극복하고 새롭게 인간성을 회복시킬 수 있다고 주장한다.

이를 좀 더 구체적으로 말하면 니체는 현대 문명의 니힐리즘^{허무주의}과 퇴폐주의를 비판한다. 그리고 끝없이 반복되는 이런 삶의 순환을 긍정적으로 받아들임으로써 허무주의를 이겨내는 힘을 갖게 된다는 것이다. 이는 무엇을 말하는가? 《차라투스트라는 이렇게 말했다》의 기본 사상인 '영원회귀의 논리'인 것이다.

이처럼 니체는 현대의 허무주의에서 도피하지 말고 있는 그대로 받

아들이라고 했다. 허무주의를 이겨내는 힘은, 곧 '권력에의 의지'인 것
이다. 이는 곧 초인사상의 근본적인 의의인 것이다.《차라투스트라는
이렇게 말했다》는 허무주의 초극을 모색하고, 새로운 인간성을 지향
한다는 데 그 의미가 크다.

27 존재와 시간

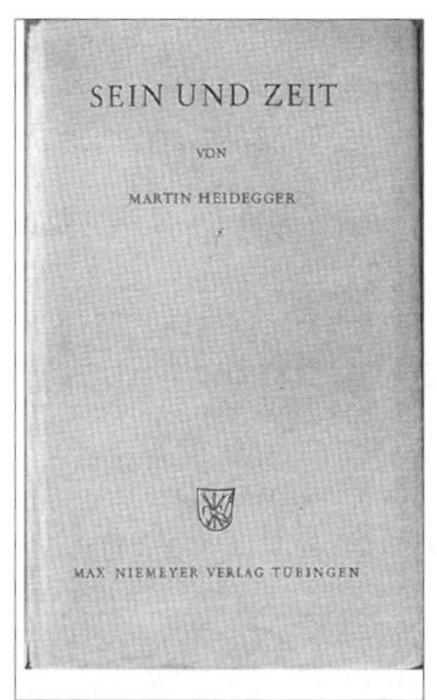

《존재와 시간》

《존재와 시간》은 독일의 철학자 마르틴 하이데거의 대표적인 저서이다. 하이데거는 이 책을 쓸 당시 3부로 기획하였지만, 1부 2편까지만 발표한 후 책으로 출간되었다. 제1차 세계대전 이후 출간된《존재와 시간》은 센세이션을 일으키며 하이데거를 성공한 저술가가 되게 했다.

하이데거는 아리스토텔레스의 존재하는 것의 존재에 대한 물음에, 후설에게 배운 사상 자체로의 현상학적인 방법이 함께 결합함으로써 존재하는 것이 존재한다는 아리스토텔레스의 의미는 무엇인가하는 물음에 최초의 물음으로 삼았다.

《존재와 시간》은 두 편으로 구성되었다.

첫째, 제1편은 현존재의 예비적 기초 분석에 대한 것으로 여기서 하이데거가 내린 결론은 현존재의 '존재'는 그 통일적 전체 구조에 대한 관심이다.

둘째, 제2편은 현존재의 시간성에서 하이데거가 내린 결론은 현존재의 실존적 존재의 의미는 시간성에 있다는 것이다. 다시 말해 현존재의 실존적인 존재의 구조는 다양성의 계기를 포함하지만, 관심이라는 근본 구조 속에 함께하며, 현존재의 존재 의미는 시간성으로 구성된다는 것이다.

그렇다면 현존재가 관심이라는 것은 무엇인가라는 것에 의문이 생긴다. 여기서 관심이란, 일상적으로 주변에서 일어나는 일이나 사물에만 쏠리게 된다. 하지만 다른 누구에 의해서도 대체될 수 없는 죽음의 가능성에 직면하게 되면 비로소 처음으로 자기에 대해 인식하게 된다. 그런 까닭에 현존재인 실존 또는 관심은 죽음에 의해 한정되는 유한한 시간성에 바탕을 둔다. 존재한다는 것의 의미는 시간성에 있다는 것이 하이데거가 《존재와 시간》에서 주장하는 핵심 사상이라고 할 수 있다. 이러한 하이데거의 사상은 야스퍼스, 사르트르 등의 실존주의 철학에 큰 영향을 주었다.

28 민주주의와 교육

《민주주의와 교육》

존 듀이는 미국의 철학자이자 심리학자이며 교육학자이다. 그는 독자적으로 연구하여 심리책을 저술했는데, 이 책을 통해 기능심리학을 주창하며 미국 교육제도에 큰 영향을 끼친 진보주의자이다.

《민주주의와 교육》은 존 듀이의 대표적인 저서로 그의 교육사상을 잘 알게 한다. 이 책은 민주주의의 사회이념을 교육과 그 문제에 적용시킨 것으로써, 그의 철학은 교육론이라고 할 만큼 교육은 그에게 각별한 삶의 주제라고 할 수 있다.

《민주주의와 교육》은 총 26장으로 구성되어 있다. 첫째, 제1장에서 7장까지는 교육의 작용과 기능에 대해 말하며, 교육의 본질을 제시하고 둘째, 8장에서 12장까지는 교육의 목적과 목적으로서의 갖가지 요소에 대해 말하고 셋째, 13장에서 17장까지는 교육방법과 그 내용에 대해 말하고 넷째, 18장에서 21장까지는 교육과 평가에 대해 말하고 다섯째, 22장에서 26장까지는 교육의 철학적 내용에 대해 말한다.

존 듀이가 관심을 기울였던 낱말은 '생명, 생활, 환경, 지적, 지성, 흥미. 경험'이다. 이 낱말에서 보듯 교육적인 의미를 내포하고 있다는 것이다. 그는 이를 매개로 하여 연구하고 실증함으로써 《민주주의와 교육》을 썼다. 《민주주의와 교육》은 추상적인 개념에서가 아니라, 철저한 실증을 통해 발견한 것을 이론화하고 실체화했다는 데 그 의미가 크다.

결론적으로 교육은 민주주의 사회를 실현하게 하고, 민주주의 사회는 모든 사람이 평등한 조건에서 자유와 행복을 추구하는 구조를 지닌 사회라는 것이다. 따라서 교육의 궁극적인 목표는 민주사회를 지향함으로써, 어떤 사회적 외압에도 당당할 수 있어야 한다는 데 있다.

29 영웅전

플루타르코스(46~120) 고대 그리스 철학자이자 작가

《영웅전》은 플루타르코스가 쓴 책으로 원제목은 '대비열전'이다. 이 책엔 알렉산드로스 대왕, 카이사르, 폼페이우스 등 4편의 전기와 22편의 대비열전으로 구성되어 있다.

〈알렉산드로스 전〉엔 알렉산드로스에 관한 이야기가 서술되어 있다. 알렉산드로스는 아버지가 암살되자 왕위를 계승하였다. 그는 그리스 각지에서 반란이 일어나자 순식간에 평정한다.

국가가 안정기에 접어들자 그는 군대를 이끌고 원정을 떠나 벌이는 전쟁마다 승리한다. 그는 소아시아를 평정하고, 시리아에서 페르시아 대왕 다리우스와의 전쟁에서 승리한다. 그리고 이집트를 점령하고 알렉산드리아 시를 세운다. 그후 페르시아 군대와 다시 전쟁을 벌여 승리한다. 알렉산드로스 대왕은 탁월한 용맹과 리더십으로 싸우는 전쟁마다 승리를 이끌어 거대한 영토를 확장하고 영웅으로 우뚝 선다.

〈카이사르 전〉에서 카이사르는 입지전적인 인물이라고 할 만큼 열악한 환경에서도, 슬기롭게 용맹스러움을 떨치며 한 단계씩 자신의 신분을 발전시켜 나갔다. 그리고 마침내 마르쿠스 리키니우스 크라수스, 그나이우스 폼페이우스 마그누스와 삼두정치라는 정치연대를 이루며 로마정계를 집권하였다. 카이사르는 갈리아를 정복하여 로마제국의 영토를 북해까지 확장하는 등 정치력을 발휘하여 강력한 지도자로 부각되었다. 그후 마르쿠스 리키니우스 크라수스가 사망하자, 폼페이우스와의 정쟁에서 그를 물리치고 절대적인 통치자가 되었다. 그는 로마공화국이 로마 제국이 되는 데 크게 기여하였다.

30 난중일기

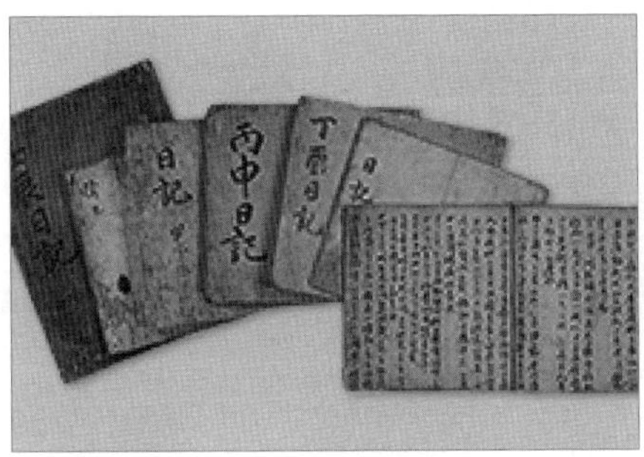

《난중일기》

《난중일기》는 이순신 장군이 쓴 책으로 1592년 선조 25년 5월 1일부터 전사하기 전인 1598년 선조 31년 10월 7일까지 거의 매일 기록되어 있을 만큼 그의 섬세한 마음을 엿볼 수 있다.

《난중일기》에는 진중생활, 국정에 대한 솔직한 마음, 전투를 마치고 나서 전투에서 있었던 일들, 수군의 통제전술 및 훈련하는 과정, 부하들에 대한 상벌, 가족과 친지, 어머님을 그리워하는 마음과 부인을 생각하며 자식을 걱정하는 마음이 잘 나타나 있다. 《난중일기》는 국보 제76호로 지정되었으며 충청남도 아산 현충사에 보존되어 있다.

《난중일기》에서 나타난 몇 가지를 보면 이순신이 어떤 인물인지를 잘 알 수 있다. 이순신은 부하장수가 잘못을 저질렀을 때 그 여부를 분명히 따져 물어 곤장을 치기도 했다. 이순신은 진지를 구축하고 정비하는 일에 소홀함이 없었으며, 군대 규율을 엄격히 하여 군관이나 병졸들이 자신이 맡은 일에 최선을 다하도록 했다.

하지만 부하들을 인격적으로 대했으며 그들과 같은 음식을 먹고 똑같이 생활함으로써 일체감을 심어주었다. 이런 이순신의 행동은 부하장수들이 그를 믿고 따르게 했다. 이순신은 백성들을 아끼고 사랑하여 나이든 사람들은 친부모처럼 대했으며, 어린아이들을 자식처럼 귀여워했다. 백성들은 그런 이순신을 믿고 따랐다는 것을 알 수 있다.

《난중일기》는 참된 애국심은 무엇이며, 인간애의 참의미는 무엇인지, 조국이란 나에게 어떤 존재인지, 자신에게 주어진 책무에 대해 어떻게 해야 하는지를 잘 알게 한다. 그리고 이 책을 통해 이순신은 만고의 충신이며 애국심의 표상이라는 것을 다시금 일깨우게 된다.《난중일기》는 세계적으로 널리 알려진 책은 아니지만, 그 어떤 세계 고전보다도 충분한 가치성을 지니고 있다.

31 갈리아 전기

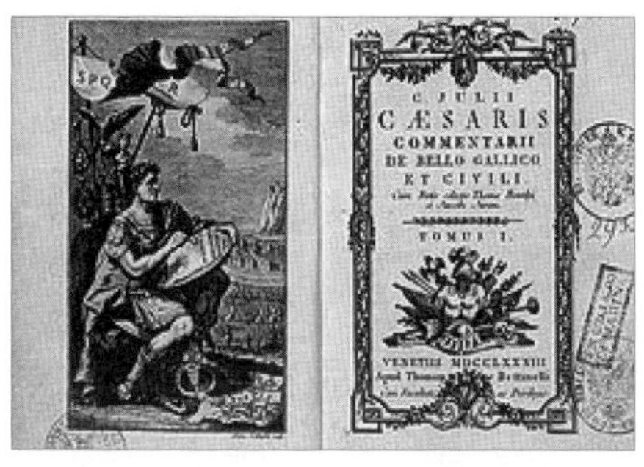

《갈리아 전기》

《갈리아 전기》는 로마 제국의 절대권력의 상징으로 독보적인 인물인 율리우스 카이사르의 저서로, 그가 갈리아 지방장관 때 갈리아 부족이 일으킨 전쟁을 소재로 하여 쓴 책이다. 갈리아는 지금의 프랑스와 벨기에 그리고 이탈리아 북부를 일컫는 방대한 지역이다. 이곳에 살던 사람들은 대개 켈트족으로, 당시 다른 지역이 그러했듯 목축과 농업을 주된 생업 수단으로 삼았다.

《갈리아 전기》는 총 8권으로 구성되어 있다. 제1권은 헬베티족과 게르만족의 아리오비투스 왕과의 전쟁에 대해, 제2권은 벨기에 족과의 전쟁과 연안에 거하는 여러 부족을 제압한 것에 대해, 제3권은 알프스지방 산지에 거하는 여러 부족을 토벌한 것과 아퀴타니아 부족의 정복에 대해, 제4권은 제1차 게르마니와 브리타니아 원정에 대해, 제5권은 제2차 브리타이나 원정과 에부로네스족, 수이오네스족 등의 반란에 대해, 제6권은 제2차 게르마니아 원정과 갈리아와 게르마니아의 제도에 대해, 제7권은 갈리아와의 전쟁과 알레시아와의 전쟁에 대해, 제8권은 카이사르의 부하장수인 히르티우스가 쓴 이야기에 대해 말한다.

《갈리아 전기》는 카이사르의 정치에 대한 관점이나 자기 자신에 대한 입장을 담고 있지만, 실제 있었던 전쟁의 내용에 대한 서술을 정리한 것으로 사료적 가치가 있다고 평가받는다. 그리고 글쓴이로서의 자기 감상이나 감정 등의 표현을 자제하고, 이성에 입각해 썼다는 것은 이 책이 지니는 가치로 볼 수 있다.